독자의 **1초**를 아껴주는 정성!

—

세상이 아무리 바쁘게 돌아가더라도

책까지 아무렇게나 빨리 만들 수는 없습니다.

인스턴트 식품 같은 책보다는

오래 익힌 술이나 장맛이 밴 책을 만들고 싶습니다.

길벗이지톡은 독자 여러분이 우리를 믿는다고 할 때 가장 행복합니다.

나를 아껴주는 어학도서, 길벗이지톡의 책을 만나보십시오.

독자의 1초를 아껴주는 정성을 만나보십시오.

미리 책을 읽고 따라 해본 2만 베타테스터 여러분과 무따기 체험단, 길벗스쿨 엄마 2% 기획단,

시나공 평가단, 토익 배틀, 대학생 기자단까지!

믿을 수 있는 책을 함께 만들어주신 독자 여러분께 감사드립니다.

홈페이지의 '독자마당'에 오시면 책을 함께 만들 수 있습니다.

(주)도서출판 길벗 www.gilbut.co.kr

길벗이지톡 www.gilbut.co.kr

길벗스쿨 www.gilbutschool.co.kr

말실수는 줄이고 말센스를 키우는

말습관
트레이닝

말실수는 줄이고 말센스를 키우는 **말습관 트레이닝**
Fix Your Speaking Habits

초판 발행 · 2019년 12월 30일
초판 4쇄 발행 · 2024년 2월 16일

지은이 · 김주우
발행인 · 이종원
발행처 · (주)도서출판 길벗
브랜드 · 길벗이지톡
출판사 등록일 · 1990년 12월 24일
주소 · 서울시 마포구 월드컵로 10길 56(서교동)
대표전화 · 02)332-0931 | **팩스** · 02)323-0586
홈페이지 · www.gilbut.co.kr | **이메일** · gilbut@gilbut.co.kr

기획 및 책임편집 · 김지영(jiy7409@gilbut.co.kr) | **디자인** · 최주연 | **제작** · 이준호, 손일순, 이진혁
마케팅 · 이수미, 장봉석, 최소영 | **영업관리** · 심선숙 | **독자지원** · 윤정아

교정교열 · 김기남 | **전산편집** · 도설아 | **CTP 출력 및 인쇄** · 예림 | **제본** · 예림바인딩

ISBN 979-11-6050-327-2 03710
(길벗 도서번호 301034)

정가 13,000원

독자의 1초까지 아껴주는 길벗출판사

(주)도서출판 길벗 | IT교육서, IT단행본, 경제경영서, 어학&실용서, 인문교양서, 자녀교육서 www.gilbut.co.kr
길벗스쿨 | 국어학습, 수학학습, 어린이교양, 주니어 어학학습, 학습단행본 www.gilbutschool.co.kr

"말실수는 줄이고 **말센스를 키우는**"

말습관
트레이닝

SBS 아나운서 **김주우** 지음

길벗
이지:톡

> **일은 잘하는데 말습관 때문에 손해 본다면
> 대화가 잘 통하는 사람으로 기억되고 싶다면
> 말습관을 훈련하세요**

아나운서로 입사해 방송 활동을 한 지 내년이면 꼭 10년째다. 돌이켜보면 그동안 다양한 프로그램들을 맡아 진행하면서 참 많은 사람과 인연을 맺어왔다. 그중 어떤 사람들과의 인연은 떠올리면 절로 미소가 지어질 만큼 시간이 흘러도 여전히 깊은 인상을 주는 한편, 어떤 사람들과의 인연은 안타깝게도 세월과 함께 점점 흐릿해져 가기도 한다. 왜 이런 차이가 생길까? 나는 그 사람들과 나눴던 대화에 주목해봤다. 각기 다른 배경과 직업, 연령대의 사람들과 나눴던 대화 속에서 찾아낸 공통점은 바로 말을 잘하는 사람들은 대화 자체를 편하게 느낀다는 것이다. 대화가 자연스럽게 흐르다 보니 진심의 교감이 흐르게 되고 결국 그 대화는 좋은 인상과 유쾌한 기억으로 남게 된다.

놀랍게도 많은 사람이 청산유수처럼 언변이 화려한 것을 곧 말을 잘하는 것으로 여기곤 한다. 과연 그럴까? 대중에게 감동을 준 명연설들을 분석해보면 의외로 대다수가 평균적인 수준의 어휘와 단어량으로 구성된 것을 알 수 있다. 부끄럽지만 고백하건대, 나 역시 신인 때에는 달변만이 살길이라고 여겼던 시절이 있었다. 말하는 것을 업으로 삼았으니 말을 할 때 절대 실수를 하면 안 된다고 생각했다. 생각만 해도 갑갑한 그 시절의 방송을 우연히 보게 되면 정말 쥐구멍에라도 숨고 싶은 심정이다. 무언가 끊임없이 말은 하고 있지만, 마음에 남는 게 하나도 없다.

말을 잘하는 데 있어 달변보다 훨씬 더 중요하고 근본적인 요소는 바로 공감과 배려다. 우리가 흔히 말하는 '소통'은 진정성으로부터 비롯되는데, 공감과 배려가 빠진 말에는 진정성을 담아내기가 어렵다. 각종 수식어로 겉포장을 아무리 번지르르하게 해놓아도 그 말은 빈껍데기에 불과할 뿐이다. 말을 잘한다는 것은 결국 마음을 담아 말을 할 줄 안다는 것이다. 내가 그동안 맺어왔던 숱한 인연들 속에 유독 따뜻하게 기억되는 사람들 역시 그 방법을 잘 알고 있었다.

이쯤에서 의문이 생길 수 있다. '아나운서라면 당연히 말을 잘하는 것 아닌가?' 결론부터 이야기하면 그렇지 않다. 막상 나 자신만 해도 방송을 10년쯤 하면 대화의 달인이 될 줄 알았다. 하지만 여전히 나는 말이란 것이 어렵고 조심스럽게 느껴진다. 어떻게 대화하는 것이 진심의 대화인지 아직도 매일같이 고민하고 있다. 나와 함께한 과거의 많은 인터뷰나 게스트들 역시 크게 다르지 않았다. 객관적으로 보았을 때 이미 훌륭한 말습관을 지니고 있음에도 불구하고, 한층 더 깊은 소통을 위해 꾸준히 노력하고 훈련하는 사람들이 대다수였다. 여기에서 절대 간과해서는 안 될 것이 있다. 그것은 바로 말이란 것은 연습하면 할수록 는다는 사실이다. 나 스스로도 느꼈고, 내가 방송을 통해 만났던 사람들 역시 자신의 경험에 빗대 강조한 것처럼, 대화 능력 또한 관심을 두고 훈련하면 분명히 향상될 수 있다.

그 점에서 이 책은 이미 굳어진 당신의 말습관을 효율적으로 개선할 수 있게 도와주는 '훈련지침서'다. 단순히 화술이나 대화법의 추상적 개념만을 전달하는 것에서 그치는 것이 아니라, 당신이 직접 책을 통해 다양한 대화 상황에 참여할 수 있도록 구성했다. 대화에 자신이 없는 사람들은 대개 말하기에 대한 두려움 때문에 자신을 표현할 기회를 스스로 흘려보내는 경우가 많다. 이렇게 해서는 대화 능력을 키울 수 없다. 처음에는 조금 버겁더라도 의식적으로 유용한 표현을 익히면서 하루 발화 총량을 늘려나가야 한다. 아무리 좋은 표현이라도 입에 붙지 않으면 실제 상황에서 자연스럽게 나오기 쉽지 않기 때문이다. 이 책에서 제시하는 전략들을 단계별로 차근차근 따라 하기만 해도 말하기에 자신감이 생길 것이다. 특히 효율을 극대화하기 위해 실제로 일상에서 주변 사람들과 나눌 법한 대화들을 풍부한 예시와 과제로 담아냈다. 이제 남은 것은 당신의 의지와 실천이다. 이 책을 덮고 난 후 당신의 말습관은 처음과 비교했을 때 분명 달라져 있을 것이다.

대화의 달인 경지에 오른 상태에서 이 책을 선보일 수 있었다면 좋겠지만 안타깝게도 아직 갈 길이 먼 것 같다. 하지만 직업적인 특성상 다른 사람에

비해 더 많은 말과 대화를 하며 살아가는 입장에서, 내가 그동안 꾸준히 노력하며 체득해왔던 것들을 여러 사람과 한 번쯤 꼭 나누고 싶었다. 말과 대화를 더욱 잘하고 싶은 마음, 그리고 그를 위한 당신의 고민이 내 것과도 맞닿아 있을 것이라는 확신 때문이다. 말도 많이 해본 사람이 더 잘한다. 모쪼록 이 책이 당신으로 하여금 많은 연습을 통해 자연스러운 대화를 할 수 있게 하는 든든한 디딤돌이 돼주기를 바란다. 나아가 당신이 건넨 공감과 배려의 말이 누군가의 가슴속에 오랫동안 따뜻한 기억으로 남게 되길 소망한다.

마지막으로 이 책이 나오기까지 아낌없는 지원과 조언을 해준 길벗 출판사, 든든한 응원군인 나의 친구, 동료와 선후배들, 그리고 사랑하는 나의 가족에게 감사의 말을 전한다.

2019년 12월, 뜻깊었던 한 해를 마무리하며
SBS 아나운서 김주우

읽고 망각하는 책이 아니다! '말습관'을 정착시키는 이 책의 활용법

말실수는 줄이고 말센스를 키우는

1장 ㅣ 말습관 20 활용법

좋지 않은 말습관 예시

좋은 말습관 예시

- 가볍게 읽으면서 '좋지 않은 말습관'과 '좋은 말습관'을 비교해보세요. 나와 주변 사람들이 쓰는 말습관을 떠올리면서 점검해보세요.

● '기억하자'는 말습관의 핵심만 담은 부분으로 반드시 기억해주세요.

기억하자

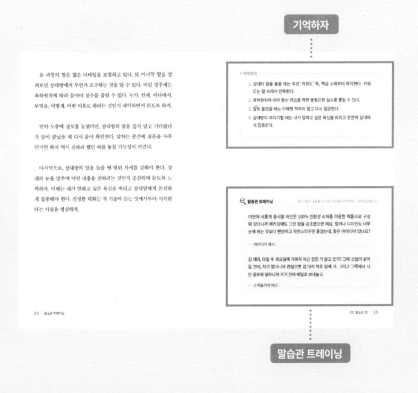

말습관 트레이닝

● 각 말습관 설명이 끝날 때마다 '말습관 트레이닝' 과정을 넣었어요. 트레이닝으로, 배운 말습관을 익숙하게 쓸 수 있도록 만드세요.

말실수는 줄이고 말센스를 키우는

2장 | 상황별 트레이닝 15 활용법

첨삭 노트

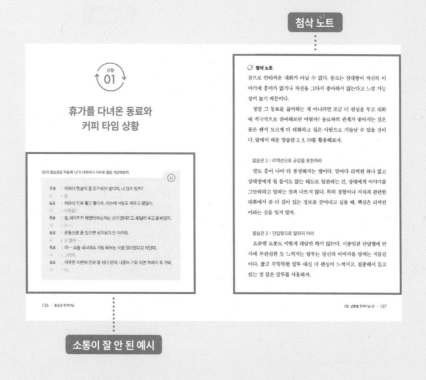

소통이 잘 안 된 예시

- 2장에서는 두 사람이 대화하는 상황별 예시를 보여줍니다. 소통이 잘 안 된 이유를 분석하고 나라면 어떻게 대화할지 떠올리며 읽어보세요.
  첨삭 노트에서는 1장에서 배운 말습관 중 구체적으로 어떤 말습관을 적용해 대화를 개선하면 좋을지 보여줍니다.

10

첨삭 노트

왠지 모르게 대화 나누기 싫은 사람의 특징을 자세히 살펴보면, 대개 앞 대화 중 '나'와 비슷한 특징을 갖고 있다. 먼저 상대방의 이야기를 잘 듣고 있는지조차 모를 태도와 뚝뚝한 말투로 일관하는 경우가 대표적이다. 이런 대화는 중간에 불필요한 이야기가 끼어들거나 비효율적으로 흘러갈 공산이 크다. 게다가 기본적인 공감 능력까지 떨어진다면 그 대화는 그야말로 총체적 난국이다. 어떻게 하면 유기 나는 대화가 될 수 있을까? 다음의 말습관 1, 3, 5를 눈여겨보자.

말습관 1 | 핵심을 파악하며 들어라

앞선 대화에서 신입사원이 협력업체에 방문했던 이야기를 하는데 '나'는 엉뚱하게 유 대리의 근황을 묻는 등 대화 핵심에서 벗어난 비효율적인 대화를 하고 있다. 대화의 효율을 높이려면 먼저 상대방의 이야기를 잘 듣고 그에 맞는 대답을 해야 한다. 그래야 각자의 메시지가 실수나 오해 없이 전달되고, 대화를 매끄럽게 이어갈 수 있다.

말습관 3 | 단답형으로 말하지 마라

단답형으로 일관하는 화법은 자칫 통명스러워 보이거나, 대화하기 싫어한다는 인상을 준다. 평소에 단답형으로 말하는 습관이 있다면, 의식적으로 자신의 입장이나 적절한 이유를 넣어 완성된 하나의 문장으로 말하는 연습을 해보자. 통명스러운 말투만 벗어나도 함께 이야기하고 싶고 인하고 싶은 사람으로 거듭날 수 있다.

말습관 5 | 스몰토크를 적극 활용하라

대화할 때, 본론을 바로 이야기하는 것을 편하게 여기는 사람들이 있다. 하지만 일상의 모든 대화가 그런 식으로 흐른다면 얼마나 딱딱하고 재미없을까? 대화에는 친교라는 중요한 기능이 있다. 날씨, 취미, 안부 등 가벼운 한담을 통해 서로의 마음을 열고 분위기까지 부드럽게 만들 수 있다. 특히, 신입사원이라면 '나'와의 동행이 불편할 수 있을 텐데, 신입사원에게 조금이나마 친근하게 다가갈 기회를 스몰토크로 잡아보자.

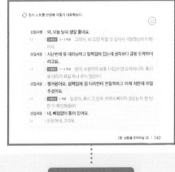

첨삭 노트를 반영해 어떻게 대화해보자.

신입사원: 와, 오늘 날씨 정말 좋네요.
나: 그러게, 비 오면 막힐 것 같아서 걱정했는데 다행이네.

신입사원: 지난번에 유 대리님하고 협력업체 갔는데 생각보다 금방 도착하더라고요.
나: 앞에, 수원까지 보통 1시간이면 도착하니까. 혹시 유 대리가 따로 하나 주시 않았어?

신입사원: 뭐라왔어요, 일째업계 김 대리한테 전달해달라고 어제 제한테 파일 주셨어요.
나: 알겠어, 혹시 그 안에 계약서 빠지지 않았는지 한 번 더 확인했을래?

신입사원: 네, 빠짐없이 들어 있어요.
나: 든든하네, 고마워요.

소통이 잘 된 예시

● 첨삭 노트를 반영해 '소통이 잘 된 예시'를 보여줍니다. 앞으로 대화할 때 활용해보세요.

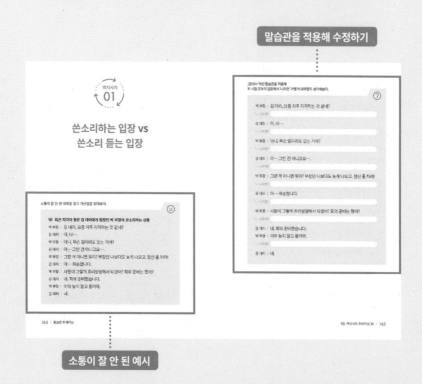

말실수는 줄이고 말센스를 키우는

3장 ㅣ 역지사지 트레이닝 10 활용법

말습관을 적용해 수정하기

쓴소리하는 입장 vs
쓴소리 듣는 입장

소통이 잘 안 된 예시

● 대화는 쌍방향으로 이뤄지는 것이기에 소통이 제대로 되지 않는다면 양쪽 입장에서 대화
를 곱씹어볼 필요가 있습니다. 3장에서는 소통이 잘 안 된 예시를 보고, 각각의 입장에서 대
화를 개선하는 연습을 해봅니다.

12

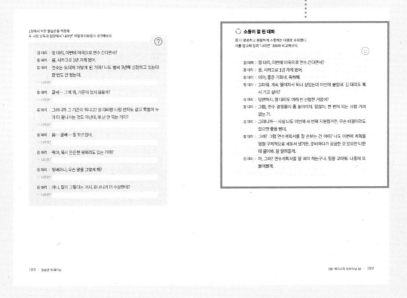

소통이 잘 된 대화 예시

● 내가 수정한 대화와 '소통이 잘 된 대화'를 비교해보고 나의 말습관을 호감형으로 가다듬어
보세요.

목차

1장 말실수는 줄이고 말센스를 키우는
말습관 20

난이도

하

중

2장 말실수는 줄이고 말센스를 키우는
상황별 트레이닝 15

3장

말실수는 줄이고 말센스를 키우는
역지사지 트레이닝 10

하루 10분 딱 한 달 말습관 완성 스케줄러

말실수

1 일차	**2 일차**	**3 일차**
말습관 01 트레이닝	말습관 02 트레이닝	말습관 03 트레이닝
나의 학습 날짜 : 월 일	나의 학습 날짜 : 월 일	나의 학습 날짜 : 월 일
8 일차	**9 일차**	**10 일차**
말습관 08 트레이닝	말습관 09 트레이닝	말습관 10 트레이닝
나의 학습 날짜 : 월 일	나의 학습 날짜 : 월 일	나의 학습 날짜 : 월 일
15 일차	**16 일차**	**17 일차**
말습관 15 트레이닝	말습관 16 트레이닝	말습관 17 트레이닝
나의 학습 날짜 : 월 일	나의 학습 날짜 : 월 일	나의 학습 날짜 : 월 일
22 일차	**23 일차**	**24 일차**
상황 04~06 트레이닝	상황 07~09 트레이닝	상황 10~12 트레이닝
나의 학습 날짜 : 월 일	나의 학습 날짜 : 월 일	나의 학습 날짜 : 월 일
29 일차	**30 일차**	
역지사지 07, 08 트레이닝	역지사지 09, 10 트레이닝	
나의 학습 날짜 : 월 일	나의 학습 날짜 : 월 일	

말센스

4일차 말습관 04 트레이닝 나의 학습 날짜 : 　　월　　일	**5일차** 말습관 05 트레이닝 나의 학습 날짜 : 　　월　　일	**6일차** 말습관 06 트레이닝 나의 학습 날짜 : 　　월　　일	**7일차** 말습관 07 트레이닝 나의 학습 날짜 : 　　월　　일
11일차 말습관 11 트레이닝 나의 학습 날짜 : 　　월　　일	**12일차** 말습관 12 트레이닝 나의 학습 날짜 : 　　월　　일	**13일차** 말습관 13 트레이닝 나의 학습 날짜 : 　　월　　일	**14일차** 말습관 14 트레이닝 나의 학습 날짜 : 　　월　　일
18일차 말습관 18 트레이닝 나의 학습 날짜 : 　　월　　일	**19일차** 말습관 19 트레이닝 나의 학습 날짜 : 　　월　　일	**20일차** 말습관 20 트레이닝 나의 학습 날짜 : 　　월　　일	**21일차** 상황 01~03 트레이닝 나의 학습 날짜 : 　　월　　일
25일차 상황 13~15 트레이닝 나의 학습 날짜 : 　　월　　일	**26일차** 역지사지 01, 02 트레이닝 나의 학습 날짜 : 　　월　　일	**27일차** 역지사지 03, 04 트레이닝 나의 학습 날짜 : 　　월　　일	**28일차** 역지사지 05, 06´ 트레이닝 나의 학습 날짜 : 　　월　　일

트레이닝을 마친 당신의 대화 속에는
비호감형 말습관이 사라지고, 센스 넘치는 말습관이 자리 잡게 될 것입니다!

1장

말실수는 줄이고 말센스를 키우는

말습관 20

계속 대화하고 싶은 사람의 말하기에는 어떤 특별함이 있을까요? 사회생활에서
밉보이지 않고, 원활하게 소통하기 위한 말습관을 20개로 정리했습니다.

핵심을 파악하며
들어라

대화에서는 말 잘하는 것보다 상대방의 말을 경청하는 자세가 훨씬 중요하다. 그렇다면 잘 듣는다는 건 무엇일까? 우리가 상대방에게 말할 때를 생각해보면 간단하다. 어떤 형태의 말하기든 그 안에는 화자의 목적이 담겨 있다. 이것이 대화의 소재가 되는데, 그 내용을 놓치지 않고 파악하는 것이 결국 경청의 핵심이다.

　이야기를 들을 때 주목해야 할 또 하나는 화자의 마지막 말이다. 이야기가 오가는 대화의 특성상, 화자의 마지막 말에 요구나 의도 등이 포함되기 때문이다. 특히 말을 상대에게 넘기기 직전에 질문을 던지는 경우가 많기 때문에 대화의 핵심을 꼭 붙들려면 이 부분을 놓치지 말아야 한다.

아래 회의에서 중점적으로 기억해야 할 내용이 무엇인지 알아보자.

💬 신제품 패키징 콘셉트에 대해 브레인스토밍하는 상황

유 과장 | 이번에 새롭게 출시할 라인은 100% 친환경 소재를 이용한 제품으로 구성돼 있으니까 패키징에도 그런 점을 강조했으면 해요. 컬러나 디자인도 너무 눈에 띄는 것보다 편안하고 자연스러우면 좋겠는데, 좋은 아이디어 있나요?

위에서 가장 중요한 키워드는 뭘까? 바로 '패키징'이다. 어떤 형태의 말하기든 내용의 핵심이 되는 키워드를 우선 파악해야 한다. 마지막 말에서는 좋은 아이디어에 관해 묻고 있는데, 이를 핵심 소재와 결합하면 이어질 대화의 소재가 '패키징 아이디어'임을 알 수 있다.

대화의 핵심 소재를 인지하고 말을 이어나가야 동문서답을 하거나 도중에 삼천포로 빠지는 일을 방지할 수 있다. 누군가와의 대화가 자꾸 겉도는 느낌이 든다면 키워드가 무엇인지 다시 짚어보자.

핵심 파악에 유의해 다음 예시를 살펴보자.

💬 다음 주 거래처 방문 일정을 확인하는 상황

유 과장 | 김 대리, 다음 주 목요일에 거래처 외근 잡힌 거 알고 있지? 그때 신입이 같이 갈 건데, 차가 없다니까 괜찮으면 김 대리 차로 함께 가. 그리고 그쪽에서 시안 공유해 달라니까 가기 전에 메일로 보내놓고.

유 과장의 말은 많은 디테일을 포함하고 있다. 또 마지막 말을 살펴보면 상대방에게 무언가 요구하는 것을 알 수 있다. 이런 경우에는 육하원칙에 따라 들어야 실수를 줄일 수 있다. 누가, 언제, 어디에서, 무엇을, 어떻게, 어떤 이유로 하라는 것인지 파악하면서 듣도록 하자.

만약 도중에 정보를 놓쳤다면, 상대방의 말을 끊지 말고 기다렸다가 말이 끝났을 때 다시 물어 확인한다. 말하는 중간에 질문을 자주 던지면 화자 역시 전하려 했던 바를 놓칠 가능성이 커진다.

마지막으로, 상대방의 말을 들을 땐 열린 자세를 갖춰야 한다. 상대의 눈을 맞추며 어떤 내용을 전하려는 것인지 공감하며 듣도록 노력하자. 이때는 내가 말하고 싶은 욕심을 버리고 상대방에게 온전하게 집중해야 한다. 진정한 대화는 귀 기울여 듣는 것에서부터 시작된다는 사실을 명심하자.

1. 상대의 말을 들을 때는 우선 '키워드' 즉, 핵심 소재부터 파악한다. 키워드는 말 속에서 반복된다.

2. 육하원칙에 따라 듣는 연습을 하면 불필요한 실수를 줄일 수 있다.

3. 잘못 들었을 때는 이해한 척하지 말고 다시 질문한다.

4. 상대방이 이야기할 때는 내가 말하고 싶은 욕심을 버리고 온전히 상대에게 집중한다.

말습관 트레이닝   앞서 배운 내용을 토대로 핵심을 파악하며 다음에 답해보자.

이번에 새롭게 출시할 라인은 100% 친환경 소재를 이용한 제품으로 구성돼 있으니까 패키징에도 그런 점을 강조했으면 해요. 컬러나 디자인도 너무 눈에 띄는 것보다 편안하고 자연스러우면 좋겠는데, 좋은 아이디어 있나요?

➡ 아이디어 제시 : _____

김 대리, 다음 주 목요일에 거래처 외근 잡힌 거 알고 있지? 그때 신입이 같이 갈 건데, 차가 없다니까 괜찮으면 김 대리 차로 함께 가. 그리고 그쪽에서 시안 공유해 달라니까 가기 전에 메일로 보내놓고.

➡ 스케줄러에 메모 : _____

말습관
02

리액션으로
공감을 표현하라

판소리 공연을 보면, 장단을 짚는 고수가 창 군데군데에 추임새를 곁들이는 것을 볼 수 있다. 이 짧은 탄성은 창자의 흥을 돋우기도 하고, 창 자체를 더욱더 구성지게 만들기도 한다.

대화에서 이 추임새 역할을 하는 것이 바로 '리액션'이다. 서로 적절한 리액션이 오갈 때 더 이야기 나눌 맛이 난다. 스마트폰 음성 서비스도 따뜻하고 다정한 리액션을 보내는 세상이다. 대화를 좀 더 풍성하게 만드는 열쇠인 리액션을 일상생활에도 충분히 적용해보자.

리액션이 전혀 없이 흘러가는 아래 대화를 살펴보자.

> **💬 팀장과 김 대리의 점심 식사 상황**
>
> 팀장 　| 지난주에 북한산을 갔다 왔는데 말이야.
>
> 김 대리 | 네, 북한산 좋죠.
>
> 팀장 　| 내가 등산을 워낙 좋아해서 거의 매주 산에 가거든? 지난주에는 단
> 　　　　풍이 예술이더라고.
>
> 김 대리 | 등산이 건강에 좋죠.
>
> 팀장 　| 그렇지…. 김 대리도 담에 기회 되면 같이 가볼까? 혼자 보기 너무
> 　　　　아까워서 말이야.
>
> 김 대리 | 저는 주말에 교회 다녀서요.

　리액션이란 결국 반응이다. 상대방의 말을 듣고 어떤 반응을 할 것인지가 대화의 분위기를 결정하는데, 위 예시는 주변에서 쉽게 볼 수 있는 전형적인 무미건조형 대화에 속한다.

　계속 대답은 하고 있지만 김 대리의 말에는 마음에 와닿는 무언가가 빠진 것 같다. 대화 자체가 진심이 없고 겉도는 느낌이다. 팀장이 김 대리의 성격을 안다고 하더라도 겨우 대꾸하는 것 같은 김 대리와의 식사 자리가 어쩌면 불편할 수도 있다. 우리가 우스갯소리로 이야기하는 '영혼 없는' 대화가 바로 이런 유형에서부터 빚어진 결과물이라고 할 수 있다.

☺

팀장	지난주에 북한산을 갔다 왔는데 말이야.
김 대리	와, 정말요? 북한산 요즘에 가면 경치가 엄청 멋있겠어요.
팀장	그럼. 정상에서 아래를 쫙 보면 그림이 따로 없지. 그 맛에 매주 산에 가잖아.
김 대리	매주요? 이야, 그 정도면 거의 마니아 수준이신데요?
팀장	어, 내가 등산을 워낙 좋아해서. 덕분에 건강도 훨씬 좋아진 것 같아.
김 대리	맞아요. 요즘 부장님 혈색이 훨씬 좋아지셨어요. 저도 등산 좀 해봐야겠어요.
팀장	그래, 다음에 같이 한번 가보자고.

위 대화에서는 팀장이 김 대리의 적극적인 반응에 더욱 흥이 나서 이야기하는 것이 눈에 보인다.

리액션이 좋다는 건 그 대화에 적극적으로 참여하고 있다는 것과 일맥상통한다. 화려한 언변보다는 짧지만, 진심이 느껴지는 맞장구 한마디가 상대방에게 훨씬 더 강렬한 인상을 준다. 상대방이 내 이야기를 열심히 들어주고 있다는 느낌을 받으면 당신의 기분은 어떨까? 신이 나서 이야기를 더 즐겁게 이어나가지 않을까?

싹싹한 성격이 아니라서 김 대리 같은 리액션이 어렵다고 생각할 수 있다. 하지만 리액션은 연습으로 충분히 기를 수 있다. 우선 상대방이 말하는 포인트를 이해한 후 "그래요?", "진짜요?", "저도요" 등으로 맞장구를 치는 것부터 시작해보자. 이런 반응이 익숙해지면 그 이후에는 상대방의 입장에서 그가 겪었을 감정을 공감해준다. "그래요? 진짜 곤란했겠어요! 그래서 어떻게 하셨어요?"처럼 뒷말을 붙이면 금상첨화다.

• 기억하자

진심이 담긴 리액션이야말로 대화에서 최고의 양념이다.

리액션 1단계 : "와! 진짜요?", "그래요?", "저도요.", "헉, 그랬구나.", "그래서요?", "어떡해!"

리액션 2단계 : 간단한 리액션 후 상대방이 겪었을 감정을 공감해준다.
"맞아요, 거기 진짜 좋죠?", "진짜요? 재미있었겠어요.",
"그래요? 많이 힘들었겠어요, 지금은 괜찮아요?"

말습관 트레이닝 앞서 배운 내용을 토대로 리액션을 가미해보자.

○ 나 아까 버스에서 졸다가 종착역까지 가버렸잖아. (리액션)

○ 어제 우리 집 강아지가 죽었어. (리액션)

○ 아무리 공부해도 토익 점수가 오르질 않아. (리액션)

○ 시연이랑 종환이가 알고 보니 사귀고 있었대. (리액션)

○ 나 이번 휴가 때 유럽 여행 갈 거야. (리액션)

말습관
03

단답형으로 말하지 마라

예쁜 접시에 아름답게 플레이팅이 된 요리를 보면 절로 감탄이 나온다. 그 안에 들어간 정성에 감동해서일까? 그런 요리는 왠지 더 맛있게 느껴지기도 한다. 대화도 마찬가지다. 같은 내용이라도 말에 정성을 담으면 대화 분위기가 화기애애해진다. 반면 건성으로 이야기하는 것 같은 느낌을 주는 사람과는 길게 대화하고 싶지 않고, 기분까지 나빠진다.

건성으로 말한다는 느낌은 어디서 오는 걸까? 바로 귀찮다는 식으로 단답형으로 일관하는 말투에서 나온다. 여기에 바쁜 척하며 이야기를 뚝 끊는 사람은 더 최악이다.

단답형 말투로 대답하는 아래 대화를 살펴보자.

☹

💬 **김 대리가 박 대리와 부서 야유회를 준비하는 상황**

김 대리 ┃ 박 대리님, 지난번에 봤던 양평 펜션에 방이 3개라고 했죠? 모자라지 않을까요?

박 대리 ┃ 충분한 것 같은데….

김 대리 ┃ 홈페이지에서 사진을 보니까 방들이 다 작더라고요. 아직 시간이 있으니까 다른 데를 알아보면 어때요?

박 대리 ┃ 거기서 거기죠 뭐.

김 대리 ┃ 그래요, 이사님과 부장님도 가시니 규모가 큰 펜션을 새로 알아보는 것도 좋을 것 같아요.

박 대리 ┃ 네, 뭐, 그러시죠.

　

주변에서 이와 비슷한 대화를 어렵지 않게 볼 수 있다. 단답형으로 일관하는 말습관은 퉁명스러운 인상을 줄 뿐 아니라 '이 사람 나와 말하기 싫은가?' 하는 오해를 불러일으키기 쉽다. 또한 이렇게 귀찮아하고, 성의 없는 태도는 대화의 동력을 급격하게 떨어뜨린다. 특히 이런 말습관은 목적이 뚜렷한 대화의 경우, 의미 있는 결론을 도출하거나 끝맺음을 확실하게 하지 못한 채 도중에 맥이 빠져 말이 끊겨버리게 만들 수 있다는 우려가 있다.

이 대화 이후 김 대리는 박 대리를 어떤 사람으로 인식했을까? 아마 같이 일하기 힘든 동료로 여겼을 가능성이 크다.

↻ 박 대리의 말을 바꿔 대화를 재구성해보자.

☺

김 대리 | 박 대리님, 지난번에 봤던 양평 펜션에 방이 3개라고 했죠? 모자라지 않을까요?

박 대리 | 그래요? 제 생각엔 인원이 9명이니까 넉넉할 것 같았는데, 아주 좁을까요?

김 대리 | 홈페이지에서 사진을 보니까 방들이 다 작더라고요. 이사님이랑 부장님도 가시고, 아직 시간이 있으니까 다른 펜션을 알아보면 어때요?

박 대리 | 그것도 괜찮겠네요. 그럼 제가 그 근방에 방이 더 많고 큰 펜션 몇 개 더 알아볼게요. 김 대리님도 같이 알아봐주시겠어요?

김 대리 | 네, 괜찮은 곳 찾으면 알려드릴게요.

단답형 말투를 탈피한 박 대리의 대화는 확연히 달라졌다. 왠지 말을 건네고 싶고 대화 나누고 싶은 사람이 됐다.

의외로 자신이 단답형 말투를 사용하는지 모르는 사람이 많다. 주변의 친분 있는 동료에게 자신의 말투에 관해 물어보고, 그런 느낌이 있다고 한다면 당장 고치도록 노력해야 한다.

우선 단답형의 말투를 피하고, 내 입장이나 적절한 이유가 추가된 완성형 문장으로 말하는 연습부터 시작하자. "충분한 것 같은데…", "괜찮은데요"가 아니라 "그래요? 저는 이번에 10명만 가는 거라 충분하다고 생각했어요", "그래요? 저는 1번 시안이 2번 시안보다 밝고 깔끔한 느낌이라 괜찮다고 생각했었어요"라고 말하는 것이다.

그다음에는 (비록 의견이 다르더라도) 상대방의 의견에 공감하며 '당신의 의견을 존중한다'는 점을 알려주자. 여기에 내 의견을 덧붙이며 서로 조율해 해결 방법을 찾아보자고 제안하면 더없이 좋다. "그래요? 저는 1번 시안이 2번 시안보다 밝고 깔끔한 느낌이라 괜찮다고 생각했어요. 하지만 이 대리님 의견처럼 2번도 좋아 보이네요. 다른 팀원들의 의견도 한번 물어보고 결정할까요?"

이런 성의 있는 태도는 별것 아닌 것 같지만 힘이 세다. 상대방을 감동하게 하는 것은 물론, 당신을 함께 일하고 싶은 동료, 융통성 있는 지인으로 만들어줄 것이다.

• 기억하자

1단계 : 단답형이 아닌 완성된 문장으로 답한다.
　　　"그래요? 저는 괜찮다고 생각했어요."
2단계 : 비록 의견이 다르더라도 상대방의 의견에 공감한다는 것을 알린다.
　　　"그래요? 저는 괜찮다고 생각했는데, 대리님 밀도 일리가 있네요."
3단계 : 내 의견을 덧붙이며 서로 조율해보자고 한다.
　　　"그래요? 저는 괜찮다고 생각했는데, 대리님 말을 들어보니 일리가 있네요. 서로 몇 개 더 알아보고 다시 얘기해볼까요?"

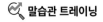

○ A : 디자인 시안 나온 거 어떻게 생각해요? 저는 2번 시안이 더 나은 것 같아요.

B : 전 1번요.

A : 어떤 점에서 1번이 나아 보여요?

B : 그냥 느낌이 그래요.

A : 아…, 그럼 1번에서 발전시켜볼까요?

B : 네.

○ A : 다음 주 프레젠테이션 대신해줄 수 있을까? 그날 집안에 급한 일이 생겨서 휴가를 써야 할 것 같아.

B : 난 안 되겠는데….

○ A : 영업팀에서 반품보고서랑 매출보고서 오전까지 보내 달라고 했는데, 보냈나요?

B : 아직요.

A : 그럼 언제까지 보낼 수 있어요? 급하다고 하더라고요.

B : 해봐야 알겠어요.

말습관
04

"당신은 어때요?"라고
물어라

대화를 나누다 보면 '지금 나는 누구와 이야기하고 있는 건가?', '빨리 대화를 끝내고 싶다' 하는 생각이 들 때가 있다. 그런 상황이 된 이유는 크게 두 가지다. 첫째, 상대방이 혼자 말해서 대화에 참여할 틈이 없다거나 둘째, 상대의 이야기가 전혀 흥미롭지 않다거나.

어떤 경우든 한 사람이 일방적으로 이야기하는 듯한 느낌이 든다면 그것은 이미 죽은 대화다. 대화를 통한 '소통'은 대화에 참여하는 사람들이 지속해서 공감을 나누며 언어, 비언어적인 교류를 할 때 이뤄진다. 탁구공이 탁구대의 양쪽을 오가는 것처럼 대화 역시 쌍방의 핑퐁이 필수다.

다음과 같은 일방적인 대화를 주변에서 한 번쯤은 봤을 것이다.

☹

💬 **정 대리가 최 대리에게 휴가 다녀온 이야기를 하는 상황**

정 대리 | 나 이번에 타이베이로 3박 4일 휴가 갔다 왔잖아.

최 대리 | 맞다! 잘 다녀왔어? 어땠어?

정 대리 | 너무 좋았지. 단수이부터 시작해서 스펀, 지우펀, 스린 야시장, 타이베이 101타워까지 다 보느라 시간 가는 줄 몰랐다니까. 그리고 먹을 건 또 얼마나 많은지, 우육면에, 망고 빙수에, 훠궈에 배 터지는 줄 알았어. 요즘 흑당 밀크티 유행하잖아. 대박! 역시 현지에서 먹으니 또 느낌이 다르더라. 그리고 대만은 낮보다 밤이 예쁘더라고… (그 후로 10분간 혼자 떠든다).

대화에서 최 대리는 전혀 낄 틈이 없다. 정 대리가 휴가에 대한 이야기로 들뜬 나머지 혼자 말하는 것에 집중하고 있기 때문이다. 최 대리의 입장에서는 상대방이 무엇을 이야기했는지 내용 전달도 잘 안 됐을 것이다. 이렇게 대화가 끝나버린다면 정 대리에게만 즐거운 대화에 불과하다.

의외로 일상생활에서 이 같은 실수가 자주 일어난다. 대화에 참여하고 있는 상대의 관심과 반응을 살피지 못한 채, 자신의 이야기에만 몰두한다면 주위로부터 '자기 말만 하는 사람'이란 소리를 듣게 될 것이다. TMI Too Much Information라는 핀잔은 덤이다.

정 대리 | 나 이번에 타이베이로 3박 4일 휴가 갔다 왔잖아.

최 대리 | 맞다! 잘 다녀왔어? 어땠어?

정 대리 | 휴가가 딱 4일인 게 아쉬울 정도였다니까. 혹시 대만 영화 〈말할 수 없는 비밀〉 봤어?

최 대리 | 응, 주걸륜이랑 계륜미 나오는 영화?

정 대리 | 거기 캠퍼스 촬영지가 단수이라는 곳 근처에 있는데, 거기서 인증샷 찍고 왔잖아. 이 사진 좀 봐. 영화랑 분위기 비슷하지?

최 대리 | 와, 경치가 정말 예쁘다. 단수이 나도 나중에 가봐야지.

정 대리 | 가게 되면 망고 빙수 먹는 거 잊지 말고. 대만 하면 망고 빙수잖아. 최 대리는 그동안 별일 없었어? 최 대리도 휴가 다녀왔다면서?

최 대리 | 응, 나는 3박 4일로 부산 다녀왔어. 바다 실컷 보고 왔지.

대만의 유명 여행지를 혼자서 폭풍처럼 나열한 대화, 이와는 다르게 인상적인 몇 개의 정보를 가지고 충분한 공감을 나누고 서로의 의견을 공유한 대화. 둘 중 어느 대화가 서로의 기억에 오래 남을지는 굳이 설명할 필요가 없다.

핑퐁처럼 생기 있게 오가는 대화를 나누는 법은 절대 어렵지 않다. 바로 "당신은 어때요?"만 기억하자. 즉, 대화할 때 상대방이 어떻게 생각하고 어떤 반응을 보이는지 관심을 두고, 그가 관심을 보일 때 "너는 어때?"라고 물어보는 자세면 충분하다. 두 번째 대화에서 정 대리는 계속 최 대리의 의견을 물으며 대화의 핑퐁을 시도한다. 그럼

으로써 누구도 소외되지 않는 기분 좋은 대화를 이어갈 수 있다.

대화의 사전적 의미는 '마주 대하여 이야기를 주고받음'이다. 서로의 이야기가 오갈 때 비로소 일방통행이 아닌 양방향의 원활한 소통이 이뤄진다.

• **기억하자**

자기 말만 무작정 나열하지 말고, 상대에게 "당신은 어때요?"라고 묻자. 상대에게 관심을 두고 대화에 참여하도록 유도하는 자세가 진정한 대화를 만든다.

✍ 말습관 트레이닝
"당신은 어때요"를 적용해 빈칸을 채워보자.

> A : 어제 대박 맛집을 하나 발견했는데 연남동에 있는 태국 음식점이에요.
>
> ....
>
> B : 네, 저도 태국 음식 좋아해요.
>
> A : ○○ 씨도 좋아하시는구나, 여기는 정말 태국 현지에서 먹던 그 맛이더라고요.
>
> B : 저는 팟타이를 제일 좋아해요.
>
> A : 진짜요? 이 집 팟타이는 정말 꼭 드셔보셔야 해요. 다음에 같이 가요.

스몰토크를
적극 활용하라

상대방과 무슨 이야기를 나눠야 할지 몰라 어색했던 경험은 누구나 있을 것이다. 영어에는 'Break the ice 서먹서먹한 분위기를 깨다'란 재미있는 표현이 있는데, 마치 몸이 얼어붙기라도 한 것처럼 어색한 상태를 자연스럽게 바꿀 수 있는 게 바로 스몰토크 Small Talk다.

스몰토크는 비단 사교적인 대화뿐 아니라 비즈니스 상황에서도 핵심 역할을 한다. 날씨나 안부, 취미, 관심사, 가십 등의 가벼운 소재로 나누는 짧은 대화를 통해 상대방에 대한 친밀도와 일의 능률을 동시에 높일 수 있다.

스몰토크가 전혀 없는 딱딱한 대화를 살펴보자.

💬 **월요일 아침, 김 대리와 박 과장 단둘이 엘리베이터에 탄 상황**

김 대리 | 과장님, 주말 잘 보내셨습니까?

박 과장 | 응.

김 대리 | 아… 날씨가 매우 선선해졌죠?

박 과장 | 그러네… 오늘 2시에 영업팀 전체 회의 알고 있지?

김 대리 | 네, 알고 있습니다.

박 과장의 말습관에서 인간미라고는 찾을 수 없는 차가움이 느껴지지 않는가? 김 대리가 꺼낸 화제를 업무 이야기로 바꾼 박 과장이 잘못됐다는 건 아니다. 그만큼 박 과장에겐 업무가 스몰토크보다 더 중요할 수 있다.

하지만 자신이 남들에게 다가가기 힘들고 딱딱한 사람으로 여겨지길 원하는 사람이 과연 몇이나 될까? 아마 이 대화 이후 김 대리는 박 과장을 한층 더 어렵게 여길 것이다. 이는 자칫 원활한 소통에 방해 요소가 될 수 있다.

박 과장처럼 스몰토크를 못(안) 하는 사람은 보통 다음과 같다.

① 내성적인 성향인 경우

② 목적이 뚜렷하지 않은 대화는 의미 없다고 생각하는 경우

③ 친밀하지 않은 사람과의 잡담을 어색해하는 성격인 경우

일부러 차가운 이미지를 추구하는 게 아니라 앞서 살펴본 것과 같은 성격이라 스몰토크가 어렵게 느껴진다면 해결책이 있다. 바로 대화를 주도적으로 이끌어나가는 것보다 상대방이 건네는 말에 좀 더 적극적으로 호응하는 것이다. 앞말을 단순히 받거나 반복하는 수준이 아니라, 상대방이 말한 내용에 대한 자신의 의견, 또는 생각을 덧붙인다면 훨씬 더 효과적이다.

🔄 같은 상황에서 다음과 같이 대화해보면 어떨까?　　　　　　　　　　☺

> 김 대리 ǀ 과장님, 주말 잘 보내셨습니까?
> 박 과장 ǀ 어, 오랜만에 푹 쉰 것 같아. 김 대리는 어떻게 보냈어?
> 김 대리 ǀ 날씨가 선선해져서 친구들이랑 캠핑 다녀왔습니다.
> 박 과장 ǀ 이야, 이 날씨에 캠핑이라니 정말 좋았겠네. 나중에 혹시 캠핑 가게 되면 김 대리한테 팁 좀 얻어야겠어.
> 김 대리 ǀ 좋죠, 과장님. 언제든 물어보세요.
> 박 과장 ǀ 알겠어. 참, 그리고 오늘 2시에 영업팀 전체 회의 알고 있지?
> 김 대리 ǀ 네, 과장님. 차질 없도록 준비하겠습니다.

똑같이 업무 이야기로 대화가 끝났다고 해도 이처럼 스몰토크와 호응이 자연스럽게 이어지면, 공감대가 형성되고 서로에 대한 호감도 오른다. 상대방이 자신에게 관심을 두고 있다고 여기게 되므로 일의 능률도 향상될 것이다.

스몰토크가 부담스럽게 느껴진다면 아주 가벼운 소재부터 연습해 보자. 누구나 이야기할 수 있는 오늘의 날씨를 대답과 함께 끼워 넣는 방법이 가장 쉽다. "오늘은 날이 덥죠?", "저녁에 비가 온다는데 우산 챙겼어요?" 같은 것이다.

날씨 관련 이야기가 익숙해지면 소재를 확대해 회사 근처 맛집을 얘기해보는 것도 좋다. 공감대를 만들 뿐 아니라 정보까지 제공할 수 있다.

또 월요일이라면 주말을 잘 보냈는지, 금요일이라면 주말에 좋은 계획 있는지(단, 너무 구체적으로 캐물으면 안 된다), 수요일이라면 피곤하다는 얘기, 목요일이라면 금요일이면 좋겠다는 소소한 일상 얘기도 모두 스몰토크가 될 수 있다.

이처럼 점점 소재를 넓혀가다 보면 어느새 습관처럼 스몰토크가 자연스럽게 느껴질 것이다.

자연스러운 스몰토크는 사람들과의 관계를 유연하게 한다.

1. 날씨 관련 : "오늘 날씨가 참 좋네요!", "요즘 부쩍 추워졌죠?", "비가 생각보다 많이 오네요, 우산 있으세요?", "이번 주말에 태풍이 온대요."

2. 안부 관련 : "그동안 잘 지내셨어요?", "주말 잘 보내셨어요?", "워크숍 잘 다녀오셨어요?"

3. 관심사 관련 : "넥타이 색이 참 잘 어울리시네요.", "전 필라테스 시작했는데, 안 대리님은 혹시 어떤 운동 하세요?", "혹시 회사 앞에 새로 생긴 식당 가보셨어요? 정말 맛있더라고요!"

4. 소식 관련 : "~(라)는 이야기 들으셨어요?", "~(라)고 하던데요."

🔍 **말습관 트레이닝**   앞서 배운 내용을 토대로 스몰토크를 해보자.

○ 사내 휴게실에서 얼굴 정도만 알고 있던 다른 부서 동기와 만난 상황

유재석 MC이자 개그맨

믿고 보게 하는
배려의 힘

10년이 넘는 세월 동안 대표적인 '국민 MC'로 활동하고 있는 개그맨 유재석. 그에게는 그 흔한 안티 팬도 잘 생기지 않는다. 말이 갖는 힘을 일찍이 깨달았다는 그는, 방송에서나 사석에서나 공감과 배려를 담아 말하는 것으로 유명하다. 출연자 각자가 가진 개성을 모두 발휘하도록 이끄는 동시에 시청자들의 재미까지 확실히 책임져야 하는 예능 프로그램에서 그의 강점은 특히 더 빛이 난다. 비결은 무엇일까?

❝ 혀와 입으로만 말하지 말고 눈과 표정, 가슴으로 이야기하라. ❞

유재석의 리액션은 입에서만 나오지 않는다. 눈과 표정, 가슴에서 리액션을 그야말로 뿜어낸다. 이런 사람과 이야기하면 있는 말, 없는 말을 다 동원해서라도 대화를 좀 더 이어가고 싶어진다. 그뿐인가? 자신의 이야기를 할 때도 입에서만 말을 내뱉지 않는다. 상대방이 귀만 열고 듣는 게 아니라 마음까지 열어젖힐 수 있도록, 온 정성을 담아서 말하는 것이다. 스스로 말재주가 없다고 생각하는 사람들은 자신이 대화를 지루하게 만든다고 생각하기도 하는데, 그렇지 않다. 유재석과 같은 리액션과 정성이 있다면, 말재주 없이도 대화를 얼마든지 재미있게 할 수 있다.

❝ 뻔한 이야기보다 펀(Fun)한 이야기를 하라. ❞

개그맨이라고 해서 누구나 쉽게 남을 웃길 수 있는 게 아니다. 하지만 유재석의 개그에는 기술이 있고 원칙이 있다. 그는 뻔한 이야기가 나올 법한 지점에서 웃음을 만들어낸다. 청자가 예상도 못 한 지점에서 웃음이 터지게 되니, 얼마나 신선하고 생동감 있는 대화인가? 뻔한 이야기 대신 펀(Fun)한 이야기를 하는 것이 그의 전략이자 말하는 법이다. 이렇게 유머가 가미된 대화는 상대방의 머릿속에도 유쾌한 기억으로 오래 남게 된다. 단, 적절한 타이밍과 정확한 상황 판단은 필수다.

❝ 재석이는 웃길 거 다 웃기면서도 게스트 모두에게 질문을 나눠준다. ❞

개그우먼 박미선이 유재석에 대해 한 말이다. '모두에게 질문을 나눠준다'는 것은 그가 핑퐁과 같이 열린 대화를 구사한다는 말과도 같다. 아무리 언변이 좋은 유재석이라도 자기 말만 하기 급급했다거나 자신의 구미에 맞는 소재에만 집중했다면 지금의 명성은 얻을 수 없었을지 모른다. 대화는 나 혼자 할 수 없으니 반드시 상대방을 참여시키고, 상대방을 향해 열려 있어야 한다. 상대가 어떻게 생각하고 어떤 반응을 보이는지에 관심을 두면서 양방향 모두 원활한 대화를 하도록 노력하자.

말습관
06

명령문이 아닌
청유문, 의문문을 써라

가끔 대화가 끝나고 나서 기분이 나쁘거나 무시당한 느낌이 들 때가 있다. 상대가 수직적 대화를 이끌었을 때 그런 기분이 들 가능성이 크다. 이 유형의 화자는 권위나 지위, 경험에 기대 말하는 특징이 있는데, 이런 '꼰대식' 태도와 대화 습관은 의사 교류와 소통을 심각하게 저해한다.

소통의 전제 조건은 평등한 지위를 바탕으로 서로의 아이디어가 자유롭게 오가는 것이다. 이것이 바로 수평적 대화이며, 이를 통해 양방향을 오가는 진정한 의사 전달이 이뤄질 수 있다.

수직적인 말투로 말하는 다음 대화를 살펴보자.

💬 **윤 대리가 신입사원에게 중문 메일 해석을 부탁하는 상황**

윤 대리 ┃ 정화 씨, 중국에서 유학했었지?

신입사원 ┃ 네, 대리님. 대학을 베이징에서 다녔어요.

윤 대리 ┃ 그럼 중국어 좀 하겠네? 나 이 메일 좀 해석해줘. 중국어라 무슨 내
용인지 모르겠네.

신입사원 ┃ 그럼 저한테 메일을 포워드 해주시겠어요?

윤 대리 ┃ 해석을 써서 나한테 보내줘.

윤 대리는 사내 직급상 신입사원의 상사이긴 하다. 하지만 대화의
주체로는 평등한 관계이므로 적절한 예의를 지킬 필요가 있다. 특히
신입사원이 윤 대리의 업무를 대신 봐주는 상황에서, 위와 같은 명
령형 말투는 매우 잘못됐다. 부탁하는 상황임에도 마치 업무를 당연
히 떠맡기는 듯한 말투는 꼰대로 비쳐 앞으로 신입사원과의 관계를
해치는 요소로 작용할 수도 있다.

위 대화처럼 비단 회사 내 환경이 아니더라도 어떤 집단, 어떤 관
계에서도 이런 유형은 대화하기 껄끄럽고 힘든 유형 중 하나일 것이
다. 고압적인 어조와 권위적인 말투는 그 사람의 이미지마저 꽉 막
히고 편협한 것으로 인식하게 할 뿐이다.

↻ 말투를 개선해 수직적 대화를 수평적 대화로 바꿔보자.

☺

윤 대리 ┃ 정화 씨, 중국에서 유학했다고 했죠?

신입사원 ┃ 네, 대리님. 대학을 베이징에서 다녔어요.

윤 대리 ┃ 그럼 혹시 이 메일 해석 좀 도와줄 수 있나요? 중국어로 된 메일이라 내용 파악이 쉽지 않네요.

신입사원 ┃ 그럼 저한테 메일을 포워드 해주시겠어요?

윤 대리 ┃ 그래요, 보고 좀 알려줘요. 정화 씨 덕분에 살았어요. 바쁠 텐데 고마워요.

　

말투를 살짝 바꿨을 뿐인데 확연한 차이가 느껴지는가? 신입사원은 명령이 아닌 부탁을 받았고 윤 대리가 매우 고마워하고 있다는 점을 충분히 알게 됐다. 비록 윤 대리가 상사긴 하지만 후배를 존중하고 수평적으로 대하는 것을 그의 말투에서 느낄 수 있다.

수평적 대화로 이끄는 시작은 간단하다. 바로 반말과 명령문을 피하는 것이다. 서로 친하지 않은 상황에서는 되도록 존댓말을 쓰고 상대방에게 '~해라', '~하지 마라', '그건 아냐' 같은 말투는 삼간다.

물론 친분이 어느 정도 쌓이면 반말을 할 수도 있다. 하지만 명령형의 문장은 되도록 쓰지 않아야 한다. 명령하는 말투 대신에 '~ 좀 해줄래요?', '~는 어떨까요?', '~해볼까요?' 같은 청유형, 의문형 문장을 쓰자. 간단하지만 매우 큰 효과를 볼 수 있는 말습관이다.

단지 나이나 경력이 많다는 이유로 '내가 다 알아, 경험해봤어'와 같은 뉘앙스로 말하는 것도 매우 위험하다. "나 때는 말이야…", "내가 사원일 때는 이랬는데"라는 표현도 마찬가지다. 대신 이렇게 말해보자. "제가 보기엔 ~하는 게 좋아 보이는데 ~ 씨는 어때요?" 자신의 경험과 선호도를 내세우기보단 '나는 이렇지만, 당신의 의견은 어때요?'라는 느낌이 충분히 드러나야 한다.

수평적으로 말하는 습관은 상대방과 친밀감과 신뢰를 돈독히 쌓는 데 큰 역할을 한다. 상대방을 존중하고 반대의 입장에서 생각하는 자세, 그리고 대화에 있어서 누구나 평등하다는 인식이 세련되고 품위 있는 대화를 만든다.

• 기억하자

1. 친하지 않으면 반말은 피하고, 나이나 직급이 낮은 상대라도 나와 평등하다는 생각을 한다.

2. '~해라', '~하지 마요' 식의 명령하는 말투는 지양하고, '~는 어떨까요?', '~를 해볼까요?' 등의 의문문, 청유문을 사용한다.

3. "나 때는 말이야", "내가 해봐서 다 알아", "내 말이 맞아"와 같은 꼰대스러운 말투도 금물이다.

○ 지영 씨, 내일까지 분기별 리포트 보내줘.

○ 대훈 씨, 기획안이 너무 긴데? 한 장을 넘지 않게 써요.

○ 이 분야는 회사 10년 다닌 내가 너보다 훨씬 더 잘 알지.

○ 팀장 말이 말처럼 안 들리는 건가? 왜 한 번 말했을 때 시정이 안 되지?

○ 아직 어려서 모를 수 있는데, 이런 문제는 발생했을 때 바로 보고하는 거야.

어색한 사람과는
공통점부터 찾아라

잘 모르는 사람과 한 공간에서 대화를 나눠야 한다고 가정해보자. 어색한 적막이 흐르고 같이 있는 시간이 영겁처럼 느껴질지도 모른다. 이런 순간, 어색함을 깨뜨릴 방법이 바로 공통점 공략법이다.

사람은 누구나 자신과 비슷한 것에 익숙함을 느낀다. 외모가 닮았거나 행동이나 말투, 취향이 비슷한 사람에게 더욱 친밀감을 느끼는 것도 그 연장선상이다. 상대와 자신의 공통점을 찾아 이야기를 꺼내면 의외로 쉽게 상대방의 마음을 열 수 있다. 이는 어색한 지인이나 동료와의 관계에서뿐 아니라 비즈니스를 처음 트는 관계에서 특히 유용하다.

다음은 마트나 백화점에서 흔히 마주칠 수 있는 대화 상황이다.

💬 **신제품 선크림 홍보 행사 중, 부스를 찾아온 고객을 응대하는 상황**

성 대리 ㅣ 안녕하세요, 고객님! 이번에 신제품으로 나온 올인원 선크림입니다.

고객　　ㅣ 네, 좀 볼게요.

성 대리 ㅣ 천천히 보세요. 직접 발라보셔도 됩니다. 테스트해보세요.

고객　　ㅣ 아, 괜찮아요.

성 대리 ㅣ 지금 선크림 구매하시면 립밤을 사은품으로 드려요.

고객　　ㅣ 네, 다음에 올게요.

　판촉 활동을 위해 안간힘을 쓰는 성 대리와 대화를 피하고 싶은 고객의 모습이 보이는가? 대화가 접점 없이 평행선을 달리는 것처럼 느껴지는 이유는 공통분모가 없기 때문이다.

　상대방의 특징, 관심사, 태도 등을 유심히 관찰한 후 공감할 만한 소재를 찾는다면 대화의 느낌은 사뭇 달라질 수 있다. 그 공통분모를 바탕으로 이야기를 이어나갈 수 있어 교감의 깊이도 깊어질 뿐 아니라 대화의 흐름도 훨씬 더 자연스러워진다. 특히, 상대방과의 공통점을 찾을 때 꼭 기억하면 좋을 것들이 있다. 공적인 것보다 사적인 것에, 너무 흔한 공통점보다 특별한 것에 주목하면 공감의 효과가 더 극대화된다.

↻ 공통점 공략법을 사용해 대화를 업그레이드해보자.

☺

> 성 대리 ┃ 안녕하세요, 고객님! 이번에 저희 회사 신제품이 나왔는데, 혹시 평
> 소에 선크림 자주 바르세요?
>
> 고객 ┃ 아뇨. 귀찮아서 잘 안 바르는 편이에요.
>
> 성 대리 ┃ 사실 저도 그랬거든요. 로션에 선크림에 겹겹이 바르고 나서 막 겉
> 도는 느낌 들면 그것도 괜히 불편하잖아요?
>
> 고객 ┃ 맞아요. 로션 하나만 발라도 워낙 번들거리는 타입이라서요.
>
> 성 대리 ┃ 고객님, 피부 타입도 저랑 똑같이 지성이라 그런가 봐요. 제가 이번
> 에 저희 제품 직접 써보면서 선크림도 챙겨 발라봤는데요, 올인원
> 타입이라 선크림 하나만 발라도 에센스, 로션 다 바른 것과 똑같아
> 서 진짜 산뜻해요. 직접 테스트해보시겠어요?
>
> 고객 ┃ 아, 그럴까요?

성 대리는 고객이 선크림을 잘 안 바른다는 점, 피부 타입이 지성이라는 점을 자신과의 공통점으로 공략했다. 그것만으로 고객의 태도가 첫 번째 대화보다 한결 우호적이고 적극적으로 변했다. 공감이 담긴 몇 마디가 무료 사은품을 챙겨주는 것보다 훨씬 더 강력한 역할을 한 것이다. 이런 공통점 공략법은 비즈니스나 일반적인 인간관계에서 유대감을 다지는 핵심 기술이 될 수 있다.

그럼 중점적으로 어떤 공통점을 공략하면 좋을까? 공통적인 소재는 무궁무진하지만, 음식이나 취미, 사는 곳 같은 소재가 무난하다. "과장님도 떡볶이 좋아하세요? 저도 제일 좋아하는 음식이에요",

"차 대리님, 요즘 요가 배운다면서요? 저도 요가 배운 지 2년째인데 정말 좋죠?", "윤지 씨도 수원 살아요? 저도 수원 사는데… 혹시 정자동 살아요?" 같은 것은 쉽게 실행해볼 수 있다.

무난한 소재에서 출발해, 좀 더 익숙해지면 특별한 공통점을 찾아봐도 좋다. 좋아하는 유튜브 채널, 자주 쓰는 화장품이나 향수, 요즘 먹는 영양제, 자주 가는 회사 근처 미용실, 자녀의 나이와 교육법도 소재가 될 수 있다. 만약 그 사람과 친해지고 싶으면 마지막에 "다음에 같이 가볼까요(해볼까요)?", "다음에 같이 정보 공유해요"를 덧붙여보자. 효과 만점이다.

더욱 친근하게 대화하고 싶다면 상대방에게 조금만 더 관심을 가져보자. 공통점 하나 이상을 찾아 한마디를 건네는 건 결코 어려운 일이 아니다.

● 기억하자

공통점을 통한 공감은 상대방의 마음을 연다. 음식이나 취미, 사는 곳 같은 일반적인 소재부터 찾아보자. 더욱더 친해지고 싶으면 특별한 공통점을 찾아 "다음에 같이 가볼까요(해볼까요)?", "같이 정보 공유해요"라고 말해보자.

◦ 주변의 한 사람을 떠올려 그 사람과 나의 공통점을 찾아보자.

예) 커피를 좋아한다.

◦ 공통점 중 하나를 골라 건넬 말을 적어보자.

예) 이번에 회사 근처에 새로 생긴 카페 가봤어요? 거기 라테가 정말 맛
있더라고요. (다음에 같이 가보실래요?)

말습관
08

군더더기 표현은
걷어내라

'필러Filler 표현'이라는 말이 있다. 피부에 볼륨을 채우는 것처럼, 말하는 중간에 생기는 공백을 메우기 위해 쓰는 말을 가리킨다. 예를 들면 '음…', '저…', '사실', '진짜' 등과 같은 표현이다. 대부분의 사람이 말을 하면서 무의식적으로 이런 표현을 자주 사용한다.

필러 표현이 꼭 나쁜 것만은 아니다. 필러를 잘 쓰면, 어색함을 줄이고 자연스럽게 대화를 이끌어나갈 수 있다. 하지만 이를 과도하게 사용하거나 습관으로 굳어지면 독이 된다. 말의 핵심이 분산되고, 인상이 어눌해 보이며 자신감까지 결여돼 보인다.

필러 표현을 많이 써 왠지 주눅 들어 보이는 다음 말투를 살펴보자.

> 💬 **거래처에서 이번 주에 주기로 했던 1차 제안서를 다음 주로 미뤘다. 기한 지연과 늦은 통보에 대해 따져야 하는 상황**
>
> 김 대리 | 저… 최 과장님, 있잖아요…. 사실, 1차 제안서를 이번 주에 주시기로 했잖아요. 그런데요…, 제가 팀장님께 그… 제안서 이번 주에 받아서 드린다고 했는데요. 이렇게 되면 제가 사실 너무 난처해요. 그리고 사실, 그… 일정이 지연될 것 같으면 미리 말해주셨어야죠….

김 대리는 한 문장 안에 '저', '그', '사실' 같은 필러 표현을 과도하게 사용하고 있다. 필러 표현 자체가 나쁜 것은 아니다. 문제는 그 표현들이 본래 뜻에 맞게 쓰이지 않았고, 말 흐름을 뚝뚝 끊고 있다는 점이다. 그야말로 아무 의미가 없는 군더더기 표현이다. 앞뒤의 맥락과 전혀 상관없이 필러 표현을 자주 써서 말의 핵심이 잘 전달되지 않을뿐더러, 따지는 상황인데도 주눅 들어 보이는 느낌을 준다.

필러 표현은 많으면 많을수록 마이너스라는 사실을 잊지 말자. 잦은 군더더기 표현의 사용은 상대의 주의를 산만하게 하는 동시에 대화 자체의 집중력을 현저히 떨어뜨리는 부작용을 낳는다. 최악의 경우 상대방은 어느 순간부터 당신이 하는 말의 내용보다 군더더기 표현이 몇 번이나 나오는지에 더 신경 쓰게 될지도 모른다.

🔄 다음과 같이 불필요한 표현을 걷어내면 어떨까?

😊

> 김 대리 | 최 과장님, 1차 제안서를 이번 주에 주기로 하셨는데 이렇게 기한을 늦추시면 어떡합니까? 팀장님께 이번 주에 받아서 드린다고 했는데, 제가 너무 난처하네요. 일정이 지연될 것 같으면 미리 말해주셨어야죠.

줄임표가 사라지니 일단 눈으로만 봐도 답답함이 덜하지 않은가? 군더더기 표현만 삭제했을 뿐인데, 김 대리의 말이 더욱 정확하게 전달된다. 주눅 드는 느낌이 사라지고 오히려 자신 있게 인상이 변했다. 말 내용이 분명하게 전달되니 결과적으로 상대방의 잘못을 확실히 인지시킬 수 있다.

대부분 말하기에 자신감이 부족할 때 심리적으로 필러 표현에 기대는 경향이 있다. 하지만 본인이 이를 습관적으로 쓰고 있는 사실조차 인지하지 못하는 경우가 많다. 실제로 우리 주변에서는 '이제', '사실', '솔직히', '말하자면', '있잖아요', '그런데', '저기', '그게', '기본적으로' 등의 말부터 '에…', '어…', '음…' 등의 소리까지 무수히도 많은 필러 표현을 접할 수 있다.

말할 때 스스로 필러 표현을 많이 사용하는지 알고 싶다면 녹음기나 '실시간 자막' 앱을 이용해보자. 어떤 주제에 대해 내 의견을 1분 정도 이야기한 후, 녹음 내용을 듣거나 앱에 뜬 화면을 보고, 필러 표현이 얼마나 들어 있는지 살피는 것이다. 1분 안에 무의미한 필러 표현이 5개 이상 나온다면 2개 이하가 될 때까지 의식적으로 쳐낸다.

시작이 반이다. 습관적으로 군더더기 표현을 사용하고 있다는 점만 깨달아도 말의 내용과 표현이 훨씬 간결해진다. 그리고 의도가 명확해져 말에 힘이 생긴다. 필러 표현을 걷어내 분명하고 자신감 있게 의사를 전달하는 연습을 꾸준히 해보자.

• 기억하자

과도하게 필러 표현을 사용하면 말의 핵심이 흐트러지고, 말주변 없는 사람처럼 보인다. 습관처럼 쓰는 무의미한 필러를 제거하자.

휴대전화의 녹음 기능이나 *실시간 자막 앱을 켜놓고 '플라스틱 빨대 사용에 관한 생각'을 주제로 1분 동안 말해보자.

녹음된 내용을 듣거나 앱에 뜬 화면을 보고, 필러 표현이 5개 이상 나온다면 2개 이하가 될 때까지 의식적으로 제거해보자.

나의 필러 사용 개수 .... 개

＊ 실시간 자막 앱 : 인식한 음성을 화면에 글자로 보여주는 앱.
앱스토어에서 무료로 다운로드할 수 있다.

말습관
09

상대의 장점을
구체적으로 칭찬하라

자신의 장점을 먼저 알아봐주는 사람을 싫어할 사람은 없다. 칭찬은 고래도 춤추게 한다고 하지 않았나? 상대방과의 대화를 생기 있고 즐겁게 이어나가고 싶다면, 칭찬의 기술을 활용해보자. 아무리 처음 보는 사람이라도 조금만 관심을 두고 관찰하다 보면 그 사람이 가진 장점이 보이게 마련이다.

만약 상대방에 대한 긍정적인 사전 정보를 갖고 있다면 그 역시 좋은 소재가 된다. 거기에 내 느낌과 생각을 담아 진정성이 느껴지게 칭찬한다면 상대의 마음은 당신을 향해 활짝 열릴 것이다.

다소 평범해 보이는 다음 미팅 대화를 살펴보자.

💬 **다른 부서 직원을 팀 내 교육 강사로 초빙한 상황**

남 대리 | 안녕하세요? 남기성 대리입니다.

나 과장 | 네, 반갑습니다. 마케팅팀 나유미입니다.

남 대리 | 혹시 오늘 교육에 필요한 게 있으시면 저에게 말씀해주세요.

나 과장 | 네, 파워포인트가 잘 되는지를 미리 확인해볼게요.

남 대리 | 네, 이 컴퓨터로 확인해보세요. 그리고 오늘 강의는 90분 정도 진행
하시면 됩니다.

나쁘지 않은 대화라고 느낄 수 있다. 하지만 처음부터 끝까지 비즈니스 대화만 오가고 말았다. 물론 상황에 따라 다르겠지만, 언제나 사무적으로 필요한 말만 하고, 아무런 감정 교류가 없는 건조한 대화만 한다면 일상이 너무 따분하지 않을까?

딱히 기분 나쁜 말을 한 것도 아닌데 왠지 딱딱하고 정 없어 보이는 게 남 대리의 말투다. 우리 주변만 봐도 어느 선 이상은 더 친해지기 힘든 사람이 있지 않은가? 그 사람과의 대화를 찬찬히 들여다보면 십중팔구 위 대화처럼 무미건조한 패턴으로 흘러갔을 것이다. 이런 말투 때문에 결국 남 대리 역시 본인도 모르는 사이에 보이지 않는 벽을 세우고 만 꼴이 됐다. 하지만 여기에 칭찬을 살짝 첨가하면 $180°$ 다른 분위기로 바꿀 수 있다.

☺

남 대리 ┃ 안녕하세요? 남기성 대리입니다.

나 과장 ┃ 네, 반갑습니다. 마케팅팀 나유미입니다.

남 대리 ┃ SNS 마케팅에 관해 쓰신 책, 인상 깊게 잘 읽었습니다. 사례도 풍부하고 설명도 쉬워서 몇 개는 저도 시도해봐야겠다 싶더라고요.

나 과장 ┃ 어머, 그래요? 고맙습니다. 오늘 강의도 직접 활용할 수 있는 실무 위주로 구성했는데, 도움이 됐으면 좋겠네요.

남 대리 ┃ 아, 그럼 저도 집중해서 열심히 들어야겠네요. 90분 동안 잘 부탁드립니다.

일단 대화의 전반적인 분위기가 부드러워졌음을 느낄 수 있다. 책에 관련한 솔직하고 긍정적인 피드백으로 상대방의 긴장을 풀어 강의에 대한 더 많은 정보를 얻어내기도 했다. 남 대리가 저 칭찬을 하기 위해 대단한 노력을 기울였을까? 아마 약간의 검색과 사전 정보 파악만으로도 충분했을 것이다. 장점을 파악하는 눈은 상대방에 대한 작은 관심으로 키울 수 있다.

처음 만나는 사람이라면 위 대화처럼 사전 정보를 찾아 경력이나 업무 능력을 언급하며 칭찬해보자. "지인에게 좋은 이야기를 들었다" 정도의 칭찬도 좋다. 외적인 부분에서는 "인상이 좋으십니다", "액세서리가 센스 있으세요" 정도면 충분하다.

너무 과한 칭찬이나 외모를 찬양하는 말은 주의해야 한다. "정말 미인이십니다, 회사에서 손꼽히시겠어요", "발표 잘하는 능력자라고 소문이 자자하던데, 기대합니다" 같은 말은 자칫 성희롱으로 여겨지거나 상대방에게 부담을 줄 수 있다.

아는 사람이라면 평소에 느꼈던 장점을 구체적이고 솔직하게 칭찬한다. "세현 씨는 자주 웃어서 주변 사람을 기분 좋게 해주더라고요. 그런 면이 참 좋아요.", "김 차장님은 항상 발표 준비를 열심히 하시는 것 같아요. 열정적인 모습 멋지세요.", "임 과장님은 새로운 거래처 앞에서도 어색하지 않게 분위기를 만드는 것 같아요. 배우고 싶어요."

하지만 대놓고 평가하는 느낌을 주거나 중압감을 주는 칭찬은 지양한다. "신 대리는 어떻게 기획안이 이렇게 완벽하지? 지금까지 실수한 적 한 번도 없지? 아무튼 신 대리는 내가 본 사람 중에 최고라니까.", "김 과장은 잘생기고 일도 잘하고 도대체 못 하는 게 뭐야? 앞으로도 완벽한 모습 기대할게." 이 같은 말은 오히려 상대를 거북하게 할 수 있다.

적절한 순간에 건네는 센스 있는 칭찬 한마디는 상대의 자신감을 북돋는 효과적인 수단이다. 그러니 오늘 만나는 사람에게 가벼운 칭찬을 선물해보자. 분위기가 훨씬 훈훈해질 것이다.

"~는 ~면이 참 좋아요.", "~한 점은 정말 멋진데요?", "~라서 대단하다고 생각해요."

상대방의 마음을 열고 싶다면 장점을 찾아 칭찬하자. 단, 너무 과하거나 평가하는 듯한 칭찬, 외적인 칭찬은 조심해야 한다.

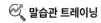 **말습관 트레이닝**　　　　　　앞서 배운 내용을 토대로 다음에 답해보자.

평소에 불편하게 여겼거나 그다지 좋아하지 않는 주변 사람을 떠올려보자. 객관적인 그 사람의 장점 세 가지를 찾아 아래에 적어보자.

　　1.

　　2.

　　3.

세 가지 장점을 토대로 칭찬 한마디를 만들어보자.

지지부진한 상황에선
객관식으로 질문하라

대개 사람들은 범주가 넓은 개방형 질문에 심리적으로 부담을 느낀다. 점심 메뉴를 고르는 상황을 떠올려보자. 이때 "뭐 먹을까?"는 세상에서 제일 답하기 어려운 질문이다. 수많은 메뉴가 질문의 선택지가 돼 선뜻 답하기가 쉽지 않다.

이럴 때 질문의 범위를 좁히고 부담감을 덜어줄 유용한 도구가 바로 객관식이다. "초밥, 순댓국, 카레 중에 먹고 싶은 거 있어요?" 이렇게 선택지 몇 개를 미리 정해놓고 질문을 던지면 상대방의 입장에서는 훨씬 고르기가 쉬워진다. 그리고 의사결정 과정이 더 효율적으로 흐른다.

선택지가 많아 좀처럼 결론이 나지 않는 다음 대화를 살펴보자.

> **📢 워크숍 프로그램을 기획하는 상황**
>
> 팀장 ┃ 둘째 날 오후에 3시간 정도 남는데, 어떤 프로그램으로 채울까?
>
> 최 과장 ┃ 글쎄요. 첫째, 셋째 날에 프로그램이 꽤 다양해서 또 뭘 해야 할지 잘 모르겠어요. 팀장님 생각은 어떠세요?
>
> 팀장 ┃ 좋은 아이디어 없어? 프로그램은 겹쳐도 되고.
>
> 최 과장 ┃ 이왕이면 새로운 걸 하면 좋을 텐데요….

워크숍에서 할 수 있는 프로그램의 종류는 매우 다양하다. 따라서 '어떤 프로그램으로 채울까?'란 질문 역시 개방형 질문에 해당한다.

선택지의 범주가 넓은 질문을 받으면, 대개 사람들은 그 부담감을 질문한 사람에게 반문하며 떠넘기게 된다. 그러는 쪽이 어떠한 답도 못 하고 쩔쩔매는 것보다는 낫기 때문이다. 하지만 과연 그 방법이 최선일까? 최 과장 역시 팀장에게 같은 질문을 되물었는데, 이렇게 되면 대화가 접점을 찾지 못하고 폭탄 돌리기 하듯 계속 늘어질 수 있다.

개방형 질문을 던지는 상사나 동료 때문에 끝도 없이 길어지는 회의를 상상해보자. 질문의 범위 자체가 넓어서 선뜻 의견을 제시하기가 쉽지 않을 것이다. 결국 해답이나 결론을 찾지 못한 채 서로 눈치만 보는 상황이 될 가능성이 큰데, 그렇다면 그 회의 시간이 얼마나 답답하고 비효율적으로 느껴지겠는가?

⊙

팀장 | 둘째 날 오후에 3시간 정도 남는데, 어떤 프로그램으로 채울까?

최 과장 | 글쎄요. 첫째, 셋째 날에 프로그램이 꽤 다양해서 또 뭘 해야 할지 잘 모르겠어요. 팀장님 생각은 어떠세요?

팀장 | 일단 내가 작년 워크숍 인기 프로그램 몇 개 뽑아봤거든? 팀 골든벨 퀴즈랑 조별로 간식 푸드트럭 운영하기처럼 같이하는 활동이 반응 이 좋던데, 어떤 프로그램이 더 괜찮은 것 같아?

최 과장 | 둘 다 무척 좋은 아이디어인데요? 전 골든벨 퀴즈가 더 괜찮아 보여 요. 푸드트럭은 재료 준비에 시간이 많이 들 것 같아서요.

팀장이 선택지의 폭을 두 가지로 좁혀 질문하니, 최 과장도 적극적으로 자신의 의견을 낼 수 있었다. 지지부진하던 회의에 생기가 돌았다. 아마도 이 둘은 더 빠르게 결론을 내고 회의를 마쳤을 것이다.

객관식 질문의 장점은 선택지를 정해뒀기 때문에 이견이 발생해도 조율하기가 상대적으로 용이하다는 것이다. 백 가지가 넘는 선택지가 있는 개방형 질문에 이견이 발생하면 다시 방대한 선택지를 전부 고려해야 하지만, 두세 가지의 범주 안에서 이견이 발생하면 그 안에서 절충점을 찾을 수 있다. 무엇보다 의사결정이 부드러워져 수월하게 결론에 이를 수 있다.

간단한 실천으로, 오늘부터 식사 메뉴를 선택할 때 객관식 질문을 활용해보자. 두세 가지 옵션을 제시하고 선택을 제안하면 된다. 약속 날짜를 잡을 때 써도 요긴하다. "언제 미팅할까요?"라고 말하기보다 "다음 주에 미팅 언제 할까요? 저는 화요일 목요일 빼고 괜찮습니다"라고 선택지를 줄여보자. 행사 프로그램을 선정할 때, 좀처럼 끝 날 기미가 보이지 않는 아이디어 회의 등에서 이 방법을 사용한다면 회의 시간이 반으로 줄어들지도 모른다.

● 기억하자

객관식 질문은 선택의 범주를 좁혀 결론에 빠르게 도달하게 한다. 2~3개의 선택지를 미리 생각해두고, "A와 B 중에 뭐가 더 괜찮으세요?"라고 묻는다. "A와 B 빼고 어떤 게 괜찮으세요?"도 좋은 객관식 질문이다.

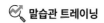 **말습관 트레이닝**　　　　　　　앞서 배운 내용을 토대로 다음에 답해보자.

아래 질문에 선택지 3개를 넣어 객관식 질문으로 바꿔보자.

　◦ 상반기 사내 교육 주제로 어떤 것이 좋을까?

미셸 오바마 변호사이자 前 미국 영부인

긍정과 공감의 자세로
대화에 품위를 더하다

미국의 제46대 영부인 미셸 오바마는 남편 버락 오바마 前 미국 대통령 못지않은 명 연설가다. 그녀의 연설은 '핵심 메시지를 정확하게 전달하면서도 감동을 남기는 말하 기'를 특징으로 한다. 실제로 그녀가 남긴 명언은 미국 전역뿐 아니라 해외에서도 큰 인기를 얻고 있다. 2018년에 출간된 자전적 에세이 〈비커밍(Becoming)〉은 순식간 에 세계의 베스트셀러 반열에 올랐다. 그런데 다른 자전적 성격의 책들과는 달리, 이 책의 독자는 서로 말이라도 맞춘 듯 "그녀의 삶과 생각에 공감하게 됐다"고 말한다. 그녀의 이야기는 과연 어떤 점이 다를까?

    ❝ 나는 어쩌다 그만 비범한 여정을 밟게 된 평범한 여성이다. 내 이야기를 들려줌으로써 다른 이야기와 다른 목소리가 들릴 공간이 더 넓어졌으면, 그 리하여 더 많은 사람이 이 세상에서 자신의 자리를 찾게 되기를 바란다. ❞

자전적 이야기는 자신을 알리는 데 목적을 둔다. 따라서 소통이나 공감은 뒷순위 로 밀려나고, 내가 하고 싶은 이야기 위주로 진행되기 쉽다. 하지만 미셸 오바마의 이야기는 다르다. '평범'과 '여성'이라는 말을 통해 상대방과의 공통점을 이끌어내면서, 자신의 이야기에 상대가 참여할 공간을 만들어놓는다. 그녀가 건네는 대화가 수평적이라는 점도 빼놓을 수 없다. 한 나라의 영부인이라는 이력에 기댔다면, 그녀의 말은 충분히 수직적이 될 수 있었다. 하지만 평등한 대화의 당사자로서만 이야기해나간 결과 그녀의 말은 청자의 깊은 공감을 얻을 수 있었다.

❝ 그들이 저급하게 가더라도, 나는 품위 있게 간다. ❞

우리는 종종 지적과 비난을 목적으로 대화하려는 것 같은 사람들을 마주한다. 실제 속마음이 그렇지 않더라도, 그 사람의 말투는 오해를 사기에 충분할 정도로 공격적이다. 하지만 미셸 오바마는 심지어 그런 경우라도 "품위 있게 가자"고 말한다. 즉, 긍정적이고 친절한 말투를 잃지 말자는 것이다. 긍정적이고 친절한 말투는 불필요한 갈등을 사전에 막아주기도 한다. 실제로 평소에 불친절한 말투로 대화에 임했던 사람이라도, 상대가 친절한 말투를 줄곧 유지한다면 그에 영향을 받는다. 자기도 모르게 좀 더 긍정적으로 말하게 되는 변화를 겪는 것이다. 말의 품위는 그 사람의 말투와 말 습관에 달려 있음을 꼭 기억하자.

답을 정해놓고
대화하지 마라

'답정너'라는 표현이 있다. '답은 정해져 있고 넌 대답만 하면 돼'를 줄인 말인데, 의외로 주변에서 답정너 스타일로 말하는 사람들을 자주 볼 수 있다.

언뜻 들어서는 상대방을 배려하는 것처럼 보이지만, 속내를 들춰보면 전혀 그렇지 않다. 말을 꺼내기 전부터 결론을 정해놓는 태도 속에는 자기 의견만 옳다는 부동의 의지와 주장이 한껏 들어 있기 때문이다. 이렇게 상대방의 생각 따위는 애초에 들을 생각도 없는 듯한 태도를 지닌 사람과의 대화는 늘 곤혹스럽기 마련이다. 이것이 바로 닫힌 대화다.

닫힌 태도로 상대방을 답답하게 만드는 다음 대화를 살펴보자.

💬 팀 송년회 계획을 세우는 상황

이 과장 ┃ 유 대리, 우리 팀 송년회 어떻게 할까요?

유 대리 ┃ 이번에 신입도 몇 명 들어왔는데, 색다른 거 해보면 어때요?

이 과장 ┃ 글쎄요…. 색다른 건 돈이 좀 많이 들지 않아요? 올해는 부서비가 부족해서 송년회 지출을 좀 줄여야 할 것 같은데요.

유 대리 ┃ 그럼 꼭 회식 개념으로 하지 말고 다 같이 연극을 관람하는 건 어떨까요? 단체 관람이면 티켓도 할인되니까 절반 이상 비용을 줄일 수 있을 것 같아요.

이 과장 ┃ 그래도 송년회인데 다 같이 밥이라도 먹어야 하지 않겠어요? 식비가 덜 드는 곳을 찾아보자고요.

이 과장의 말은 지속해서 상대방의 의견을 묻는 것처럼 보인다. 하지만 진짜 의도는 내용을 자세히 보면 바로 알 수 있다. 특히 이 과장이 상대방의 말을 어떻게 받는지에 주목해보자.

이 과장은 결론의 방향을 마음속에 품은 상태에서 대화를 시작했고, 자신이 원하는 답이 나오도록 계속 유도한다. 특히 상대방의 생각을 일단 반대하거나 부정한 후 말을 이어나가는 패턴을 확인할 수 있다. 그러니 유 대리의 의견이 계속 튕겨 나가는 게 전혀 이상하지 않다. 이런 상황에서 팀원들의 자유로운 의견 제시가 이뤄질 리 없고, 결국 이 과장의 뜻이 관철되는 쪽으로 대화가 흘러갈 것이다.

이 과장 | 유 대리, 우리 팀 송년회 어떻게 할까요?

유 대리 | 이번에 신입도 몇 명 들어왔는데, 색다른 거 해보면 어때요?

이 과장 | 색다른 거 좋죠. 그런데 올해는 부서비가 부족하니 송년회 지출을 좀 줄여야 할 것 같아요. 돈 많이 안 드는 좋은 아이디어 없을까요?

유 대리 | 그럼 꼭 회식 개념으로 하지 말고 다 같이 연극을 관람하는 건 어떨까요? 단체 관람이면 티켓도 할인되니까 절반 이상 비용을 줄일 수 있을 것 같은데요.

이 과장 | 그거 신선한데요? 일단 대안 1로 올려놓죠. 또 다른 분 아이디어 있나요?

처음에는 내심 회식에 대한 의지가 있었지만, 더 좋은 아이디어가 나오자 이 과장은 진지하게 고려하는 자세를 취했다. 그래서 첫 번째 대화와 다르게 소통이 막힌 느낌이 사라졌다. 또 자유롭게 의견을 말할 수 있는 분위기를 만들고, 합리적인 방안으로 결론을 도출하는 모습을 보였다. 이런 분위기여야 팀원들이 눈치 보지 않고 의견을 제시할 수 있고, 참신한 아이디어도 나올 수 있다. 무엇보다 구성원의 불만이 적은 결론을 낼 수 있다.

대화할 때는 '내 말이 정답이고 나는 그렇게 할 것이다'라는 태도를 버려야 한다. 이미 답이 정해져 있다면 혼자서 해결하거나 통보를 하면 된다. 만약 원하는 것을 관철하고 싶다면, 처음부터 "저는 ~

때문에 이렇게 생각합니다. 잘될 것 같은 확신이 드는데, 한번 따라주시겠어요?"라고 정중하게 말하는 것이 어설프게 상대방의 의견을 묻는 척하는 것보다 낫다.

사람은 개개인이 모두 다르다. 상대와 내가 같아야 한다는 생각을 내려놓고 열린 태도로 대화를 시도하자. 열린 태도를 지니면 자연스럽게 열린 대화가 오가고, 주변 사람들은 당신을 융통성 있고 상대방을 존중하는 사람으로 인식하게 된다. 대화를 끝맺을 때까지 '내가 맞아'라는 고집을 버리고 상대의 이야기에 좀 더 집중하자.

• 기억하자

1. '내 말이 맞아', '답은 이미 정해져 있어'라는 태도를 버린다. 더 좋은 의견을 받아들이겠다는 열린 태도로 자유롭게 대화하자.
2. 의견을 관철해야 하는 상황이라면, 차라리 솔직하고 정중하게 말한다. "잘될 것 같은 확신이 드니 (~ 이유가 있으니) 이번에는 제 의견을 따라주세요."

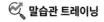
A : 우리 오늘 점심 회식은 어디서 할까요? 좋은 데 있어요?

B : 회사 앞에 새로운 베트남 음식점이 생겼는데, 거기 가볼까요?

A : 난 동남아 음식 안 좋아해요.

B : 아…, 그러면 간만에 중국집 갈까요?

A : 중국 음식은 소화가 안 될 것 같은데요. 제가 어제 술을 조금 마셔서 해
  장국이나 먹으러 가자고요.

B : 네….

1. 전날 과음으로 속이 안 좋아서 꼭 해장국을 먹어야 할 때

2. 다른 메뉴를 수용할 수 있을 때

박 부장 : 김 대리, 우리 팀 워크숍 어디로 갈까요?

김 대리 : 옆 팀 혜원 대리님이 가족들과 여행을 자주 다녀서 좋은 곳 많이
  알더라고요. 한번 물어볼까요?

박 부장 : 뭘 그런 걸 물어요. 우리가 알아서 하는 거지. 가봤던 곳 중에 가까
  운 곳에 가자고요.

김 대리 : 네…. 가까운 곳이면 강화도나 가평? 청평도 요즘 좋은 리조트 많
  이 생겼다고 하더라고요.

박 부장 : 어차피 그날 갔다 고기 구워 먹고 다음 날 오는데, 제일 가까운 강
  화도나 갑시다.

1. 예산이나 거리상 이유로 꼭 강화도를 가야 할 때

2. 새로운 곳으로 워크숍 갈 의향이 있을 때

거절할 땐 이유를 밝히고
차선책을 제시하라

우리나라에는 '정' 문화가 존재한다. 이 따뜻함 덕분에 각박한 사회 속에서도 서로의 유대감을 키우고 관계를 더욱 깊게 만들어갈 수 있다. 하지만 이 때문에 우리나라 사람들이 거절에 더 취약한 것인지도 모른다.

일명 '착한 사람 콤플렉스'는 매정함과 합리성의 경계를 모호하게 만든다. 자신에게 명백히 불리하거나 곤란한 상황 속에서도 끝내 'No'를 말하지 못하거나, 자신의 이미지가 나빠질까 걱정하면서 거절의 표현을 에둘러 모호하게 하는 것 모두 착한 사람 콤플렉스의 대표적인 모습이다.

힘들게 거절의 말을 이어가는 다음 상황을 살펴보자.

> 💬 **동료가 야근 일정을 바꿔주기를 부탁한 상황**
>
> 라 대리 | 아… 사실 나야 진짜 바꿔주고 싶지. 급한 일 때문에 그런 것도 이해
> 하고. 그런데 이번 말고 다음에 바꿔주면 안 될까? 이번 달은 일정을
> 바꾸기가 좀 애매해서…. 미리 얘기했으면 당연히 도와줬을 텐데…
> 너무 미안해.

라 대리의 말을 보면, 본인 스스로 겪고 있는 내면의 갈등이 상대
방에게 고스란히 전해질 정도다. 공감과 거절을 넘나들면서 상대방
을 헷갈리게 하는 식으로 말하는 것은 배려가 아니다.

어차피 답은 'No'라는 것을 상대방도 인지한 상황에서 절충안이
라고 내놓은 것 역시 썩 와닿지 않는다. 동료는 다음이 아니라 이번
일정을 바꿔주길 원하고 있기 때문이다. 이런 애매한 거절은 라 대
리를 착한 사람이 아니라 우유부단한 사람으로 만들 수 있다.

🔄 정중하면서도 확실하게 거절을 표현했다면 어땠을까?

> 라 대리 | 미안해. 그날 저녁에 미루기 힘든 선약이 잡혀 있어서 야근을 대신해
> 주기가 곤란할 것 같아(그날 근무 가능한 사람 있는지 같이 알아봐줄게).

라 대리는 동료의 부탁을 거절할 수밖에 없는 이유를 명확하고 간결하게 밝혔다. 그리고 현실적으로 도움을 주기 위해 대안을 제시하는 모습을 보였다. 동료는 비록 부탁을 거절당했지만, 기분 나빠하기보다는 라 대리의 입장을 충분히 이해했을 것이다.

거절에는 반드시 이유가 뒤따라야 한다. 부탁하면서 내심 기대를 했던 상대방에 대한 최소한의 예의기 때문이다. 하지만 그 이유가 구구절절하면 오히려 역효과가 난다. 되도록 납득과 공감이 가는 선에서 간결할수록 좋다.

상대방을 조금 더 배려한다면 차선책을 제시하는 것도 바람직하다. 말로만 상대방을 이해한다고 하는 것보다 훨씬 거절당했다는 느낌을 줄일 수 있다. 그리고 부탁을 한 상대방이 무안해지지 않도록 부득이하게 도움을 주지 못하는 것에 대한 미안한 마음을 꼭 전달하자.

사실 거절의 말을 건네기란 쉬운 일은 아니다. 잘못하면 자칫 오해를 불러일으키는 성격의 말이기 때문이다. 하지만 거절을 잘하는 것도 요령이고, 해본 사람이 더 잘하는 법이다. '거절'이라는 말보다는 '정중하고 확실하게 의사를 전달한다'라는 의미에 방점을 찍고 거절의 말을 연습해보자.

거절할 때는 확실하게 의사를 표시한다. 그리고 상대를 배려해 거절 이유와 차선책을 제안하자. "죄송하지만, ~한 이유로 힘들 것 같습니다. 그 대신 ~는 어떨까요?"

말습관 트레이닝

앞서 배운 내용을 토대로 다음에 답해보자.

회사 선배가 제안한 주말 등산을 거절하는 상황이다. 불필요한 표현을 제거하고 깔끔하게 다듬어보자.

◦ 아…, 이번 주말요? 어디로 가시는데요? 저는 집이 너무 멀어서 주말은 힘든데요…. 저 말고 몇 명 정도 가나요? 제가 사실 이번 주에 일을 너무 많이 해서 피곤하기도 해요…. 아무래도 이번에는 못 갈 것 같아요. 정말 죄송해요. 다음에는 꼭 같이 갈게요.

말습관

13

대화의 끝을
야무지게 마무리하라

전채 요리부터 주요리까지 잘 차려진 디너 코스를 즐기다가 마지막 디저트에서 큰 실망감을 느꼈다고 가정해보자. 그 저녁 식사에 대해 당신은 어떤 느낌을 받게 될까? 아마 십중팔구 크게 인상적이지는 못했다고 여길 것이다. 대화도 마찬가지다. 본론은 부드럽게 흘러갔어도 마무리를 찜찜하게 하면 전체 대화의 이미지가 달라질 수 있다.

연인과 2시간 동안 달콤한 통화를 하다가 어떤 소재에서 충돌해 마지막에 격하게 싸우고 끊었다면, 그 대화는 어떤 이미지로 남게 될까? 유종의 미는 대화에도 그대로 적용된다는 사실을 잊지 말자. 정성스레 매듭을 짓는 마음으로 다시 한번 대화 내용을 살피고 정중하게 끝맺는 자세를 갖는다면, 상대방은 당신과의 대화를 기분 좋은 기억으로 오래 간직할 것이다.

마무리가 아쉬운 다음 대화를 살펴보자.

🗨 바이어 미팅을 마치고 난 상황

박 과장 | 류 대리, 이번 바이어 미팅 때 픽업에 안내까지 하느라 정말 수고 많았어요.

류 대리 | 아닙니다. 당연한 일인데요.

박 과장 | 고생 많이 한 것 같아 밥을 살까 하는데, 날을 한번 잡아볼까요?

류 대리 | 네, 알겠습니다.

대화의 끝을 잘 맺는다는 것은 대화의 목적을 잘 파악하는 것과 일맥상통한다. 대화 속에서 상대방이 전하고자 하는 바와 의도에 좀 더 주의를 기울인다면 야무지게 대화를 마무리할 수 있다. 위 대화에서 박 과장은 류 대리의 수고를 칭찬하기 위해 밥을 사려는 의도가 있다. 그렇다면 류 대리는 날을 잡자는 말에 막연히 "알겠습니다"라고만 답할 것이 아니라 적극적인 행동을 보이며 의사 표현을 해야 했다.

저 상태로 대화가 끝났다면 박 과장 입장에서는 류 대리가 바쁜 것인지, 아니면 밥을 먹기 싫은 것인지 불분명하기 때문에 애매한 느낌을 받을 수밖에 없다. 결국 일 잘하고도 좋은 소리 못 듣는 상황에 해당한다고 볼 수 있다. 대화에서는 첫인상만큼이나 중요한 것이 바로 끝인상이기 때문이다.

☺

> 박 과장 ┃ 류 대리, 이번 바이어 미팅 때 픽업에 안내까지 하느라 수고 많았어요.
> 류 대리 ┃ 아닙니다. 당연한 일인데요.
> 박 과장 ┃ 고생 많이 한 것 같아 밥을 살까 하는데, 날을 한번 잡아볼까요?
> 류 대리 ┃ 네, 감사합니다. 과장님께서 편하신 날짜를 몇 개 주시면 제가 일정 보고 맞추겠습니다.

그야말로 깔끔한 마무리가 아닐 수 없다. 류 대리는 상대의 의도를 정확하게 파악해서 적극적인 자세를 보이며 대화를 매듭지었다. 이제 박 과장도 류 대리의 의향을 더 분명하게 알게 됐을 것이다.

대화를 야무지게 마무리하는 방법의 하나는 나눴던 정보나 계획을 다시 한번 확인하고 인사말을 건네는 것이다. "그럼 다음 시안은 5일에 보는 것으로 하겠습니다. 수고 많으셨습니다.", "다음 프레젠테이션은 김 과장이 준비하는 것으로 하고, 나머지 분들은 각각 자료를 전달해주시면 되겠습니다. 오랜 시간 고생 많았어요."

소감이나 감상을 표현하는 방법도 좋다. "이번 회의로 좋은 아이디어가 나온 것 같아 뿌듯하네요. 모두 수고 많으셨습니다.", "이번에는 회사 사정상 거래를 못 하게 돼 아쉽습니다. 다음번에 꼭 다시 부탁드리겠습니다. 죄송합니다." 이처럼 감정을 조금 담아 마무리해도 무방하다.

　이 중 어떤 방법을 쓰더라도 밑바탕이 되는 것은 함께 좋은 대화를 이끌어가려고 노력한 상대방에 대한 관심과 배려다. 그런 세심한 마음 씀씀이가 당신의 말에 드러나게 되고 그것은 상대방의 기억 속에 은은한 잔향처럼 오래도록 남을 것이다.

● 기억하자

　야무진 마무리는 대화의 전체 인상을 좌우한다. 대화 마지막에서 핵심 내용을 한 번 더 정리하거나 간단한 감상을 표현한 후 인사를 건네며 마무리하자.

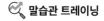

제시된 단서를 활용해 마무리 문장을 다듬어보자.

○ (팀 회식, 수요일, 저녁 7시, 연남동)
  김 대리, 팀 회식 알지? 그때 봐!

○ (재무팀 한 팀장, 내일 오후 2시 회의 4시로 연기, 팀장 전화 요청)
  팀장님, 책상에 메모 남겨놨습니다!

○ (연구개발팀, 3주간의 제품 개발 프로젝트, 마지막 회의, 다음 달 신제품 출시)
  신제품이 드디어 출시되네요. 수고했어요.

감사는 구체적으로
사과는 담백하게 하라

누군가에게 친절을 베푼 후 돌아오는 말이 짧은 인사일 때, 왠지 모를 섭섭함을 느낀 적이 있는가? 또는 사회적 물의를 일으킨 유명인이 구구절절 갖은 이유를 대며 사과하는 인터뷰를 보고 안타까움을 느낀 적이 있는가?

감사와 사과에도 나름의 방식이 존재한다. 대상과 상황에 따라 달라질 수 있지만 대개 감사는 구체적으로, 사과는 되도록 간결하게 할 때 효과가 더욱 커진다. 사람의 됨됨이가 달라 보이는 건 물론, 상황도 더욱 유연하게 매듭지을 수 있다.

같은 상황에서 다르게 감사를 표현한 두 대화를 비교해보자.

💬 **출장을 다녀온 김 대리가 정 대리에게 선물을 건네는 상황**

김 대리 ┃ 이번에 호주 출장 갔다 오면서 정 대리 주려고 산 텀블러예요.

정 대리 ┃ 아, 이런 거 받아도 되나? 고마워요.

김 대리 ┃ 이번에 호주 출장 갔다 오면서 정 대리 주려고 산 텀블러예요.

정 대리 ┃ 와! 디자인 완전히 제 취향인데요? 출장 다녀오느라 바빴을 텐데 저
까지 챙겨주셔서 고마워요. 잘 쓸게요.

첫 번째 대화에서 정 대리는 감사하다는 말만 짧게 표현했다. 더구나 상황에 따라 달리 해석될 수 있는 '선물을 받아도 되는지 모르겠다'는 말을 덧붙여, 자칫 선물하는 사람이 당황스러울 수 있는 상황을 만들었다. 이에 비해 두 번째 대화에서는 고마운 마음을 구체적이고 친밀하게 표현하고 있다. 선물을 받고 좋아하는 마음이 선물을 한 사람에게 고스란히 전해질 것 같다.

감사의 인사를 전할 땐 그 사람이 나에게 베푼 호의와 친절에 대해 헤아리는 마음을 담아야 한다. 그렇게 한다면, 그 마음 씀씀이에 상대방이 오히려 감동할 것이다.

특히, 감사를 표현할 때는 상대방이 나를 위해 신경 쓴 부분을 구체적으로 짚어주는 것이 좋다. "바쁘실 텐데 시간 내주셔서 감사합니다", "준비하느라 정신없으실 텐데 챙겨주셔서 감사합니다"처럼 말이다.

그리고 개인적인 감상이나 소감을 덧붙이면 훨씬 더 진정성이 느껴진다. "이런 스타일 무척이나 좋아하는데, 센스 넘치세요. 잘 쓰겠습니다.", "혼자 할 때 정말 어려웠는데 제 눈높이에서 쉽게 설명해주셔서 확실히 이해했습니다. 정말 감사합니다." 이처럼 상대방의 센스와 노력을 한 번 더 세심하게 헤아리면, 진심을 한층 두텁게 전할 수 있다.

같은 상황에서 다르게 사과를 표현한 두 대화를 비교해보자.

🗨 정 대리가 발표 자료를 집에 두고 온 상황

김 대리 | 정 대리, 오후에 발표 준비 잘 돼 있죠?

정 대리 | 앗! 죄송합니다. 제가 어제 늦게까지 파워포인트 정리를 하느라 깜빡하고 USB를 집에 두고 온 것 같아요. 아… 평소에 진짜 이런 실수 안 하는데, 요즘 정신이 없었어요. 발표할 자료가 거기 다 들어 있는데 어떡하죠…, 정말 죄송합니다.

김 대리 | 정 대리, 오후에 발표 준비 잘 돼 있죠?

정 대리 | 죄송합니다, 대리님. 제가 실수로 파워포인트 자료가 담긴 USB를 못 챙겼어요. 오후 회의 전까지 메일에 백업해놓은 파일로 다시 작업해서 차질 없이 준비해놓겠습니다.

첫 번째 대화에서 정 대리의 사과는 너무 구구절절하다. 이 경우 상대방은 사과가 아니라 변명하고 있다고 오해할 수 있다. 반면 두 번째 대화에서는 담백하게 잘못을 사과하고, 이후의 대책까지 명확하게 제시한다. 비록 실수는 했지만 차질 없게 상황을 해결해나가는 모습이 믿음직해 보인다.

사과에는 반드시 부정적인 상황이 포함되게 마련이다. 그 상황은 이미 발생한 것이며 되돌릴 수 없다. 이때 과거에 대한 이야기를 길게 늘어놓아 봐야 변명일 뿐 득 될 게 없다. 사과할 땐 본인이 잘못했다는 것을 솔직하게 시인하고, 사과의 뜻을 명확하게 전달해야 한다. 그리고 이후에 어떻게 문제를 해결할지를 구체적으로 제시하면 좋다. "죄송합니다. 제가 ~ 이유로 실수를 했습니다. ~해서 조속히 해결하겠습니다. 앞으로는 이런 일이 없게 주의하겠습니다."

사과의 말로 잘못한 사실을 없앨 수는 없지만, 최소한 실수를 바로잡기 위해 노력하고 있음을 상대에게 전할 수 있다. 그리고 이후에 같은 실수를 반복하지 않으면 된다.

• 기억하자

감사는 구체적으로 진정성 있게, 사과는 문제 해결을 위한 노력을 담아 명확하게 하자.

🔍 말습관 트레이닝

앞서 배운 내용을 토대로 다음에 답해보자.

각 상황에 맞게 감사와 사과의 말을 전해보자.

◦ 신입 연수 기간에 교육을 담당한 선배에게 감사 인사 전하기

◦ 분기별 리포트 작성을 돕기 위해 함께 야근한 후배에게 감사의 말 전하기

◦ 차 사고로 도로가 막혀 거래처 미팅에 늦은 상황에서 사과의 말 전하기

언짢은 감정과 의사는
확실하게 표현하라

주변 눈치를 보느라 자신의 감정을 솔직하게 표현하지 못한 경험, '좋은 게 좋은 거'라는 생각으로 해야 할 말을 억지로 삼킨 경험이 다들 한 번쯤 있을 것이다. 물론 다른 사람과 생활하다 보면 상황에 따라 그렇게 해야 할 때도 있다.

하지만 대부분의 경우, 손해를 보는 사람들은 자신의 입장을 제때에 확실히 전달하지 못한 것을 나중에 후회하곤 한다. 당신이 어떤 생각을 갖고 있는지 모르기 때문에 결국 상대방은 어떤 사건이나 상황을 자신이 유리한 쪽으로만 해석하게 된다. 이런 악순환을 끊으려면 당신의 감정과 의사를 분명한 말로 표현해야 한다.

부당한 상황에서 제대로 말하지 못하고 넘어가는 다음 대화를 살펴보자.

💬 **박 과장의 실수로 김 대리가 일을 다시 해야 하는 상황**

박 과장 | 김 대리, 지난번 배너 광고 디자인 맡긴 거, 알고 보니 A사가 아니라 B사 제품이더라고. 다시 작업해줘야겠어.

김 대리 | 아… 그래요?

박 과장 | 이거 1시간 안으로 수정해줄 수 있어?

김 대리 | 1시간이요? 그건 좀….

박 과장 | 김 대리도 내 나이 되면 알 거야. 자꾸 뭘 잊어버려. 아무튼 오늘까지 전달해야 하니까 빨리 마무리해줘.

김 대리 | 아, 네….

분명 실수한 쪽은 박 과장이지만 김 대리는 그에 대한 사과 한마디도 듣지 못했다. 김 대리가 시간에 쫓기며 수정 작업을 해야 하는 상황마저도 당연한 것처럼 대화가 흘러가고 있다. 더군다나 박 과장의 말을 심층적으로 들여다보면, 박 과장이 김 대리를 수직적인 관계로 대하고 있음을 알 수 있다.

박 과장도 너무했지만 이쯤 되면 김 대리도 분명 잘못이 있다. 왜 이런 현상이 발생했을까? 이는 전적으로 김 대리가 평소에 상대에게 만만하게 보였던 태도와 말투 때문이다. 무리한 요구로 몰아붙이는 박 과장 앞에서 김 대리는 폭풍 앞의 사시나무처럼 그 어떤 의견도 말하지 못했다.

↻ 김 대리의 말을 아래와 같이 바꿔보자.

☺

박 과장 | 김 대리, 지난번 배너 광고 디자인 맡긴 거, 알고 보니 A사가 아니라 B사 제품이더라고. 다시 해줘야겠어.

김 대리 | 정말요? 연말이라 바쁜 와중에 힘들게 만든 건데, 당황스럽네요.

박 과장 | 알지. 김 대리가 고생 많이 했는데 정말 미안하게 됐어. 마감 때문에 그런데, 혹시 1시간 안에 수정해줄 수 있을까?

김 대리 | 시간이 촉박해서 무리입니다. 하지만 일단 최대한 맞출 수 있도록 노력해보겠습니다.

박 과장 | 그래, 이해해줘서 고마워.

똑같이 일을 다시 해야 하는 상황이지만 할 말을 뚝 부러지게 한 김 대리는 조금 덜 억울하지 않을까? 박 과장도 다음에는 더 신중하게 김 대리를 대할 것이다.

자신의 감정과 의사를 솔직하게 표현하는 것은 무례한 태도가 아니다. 오히려 그런 표현을 하지 못했을 때 상대방은 언짢은 감정을 전혀 이해하지 못하고 '저 사람은 순한 성격이구나' 하고 그냥 넘어갈 수 있다. 그래서 계속 그 상대에게 무례한 일을 당할 수 있다. 흔한 말로 '호구'가 되는 것이다. 따라서 평소에는 상냥하지만 필요할 땐 단호하게 자신의 입장을 분명하게 밝히는 것이 좋다.

우선 얼버무리지 않고 완성된 문장으로 명료하게 의사를 전달하는 게 중요하다. "그건 좀…", "그런가 봐요…", "아, 네…" 등 흐리멍덩하고 쭈뼛거리는 말투를 삼간다.

그리고 어떤 상황에 대해 자신이 어떻게 부정적인 감정을 느끼는지 이유와 함께 표현한다. 만약 상대가 무리한 요구를 한다면 "저도 마감 시즌이라 정말 바쁩니다. 사전 공유 없이 무리한 요구를 하시면 곤란합니다", "나름대로 신경 썼는데 그렇게 말씀하시면 서운합니다"라고 분명하게 의사를 전하자.

아무 죄책감 없이 약속에 자주 늦는 사람에게는 '나는 이렇게 노력했는데, 너도 신경 써줬으면 좋겠다'는 뉘앙스를 담아 이렇게 말해보자. "약속 시간 지키려고 막 뛰어왔는데… 허탈하네. 약속 시간 좀 잘지켜줄래?" 단, 매사 따지거나 잔소리하는 말투, 못마땅하다는 식의 부정적인 태도는 금물이다. 오히려 상대방에게 반감만 살 수 있다.

평소에는 부드럽지만 부당한 대우를 받았을 때는 단호한 말투를 사용하는 것, 이런 말습관들이 쌓이고 쌓여 당신의 이미지를 형성한다. 스마트한 이미지로 변신할지 어리바리한 이미지로 남을지는 당신의 말습관에 달렸다.

부당한 대우를 받았을 때는 명확하게 감정과 의사를 표현한다.

"~에 대해서는 ~한 이유로 곤란합니다(서운합니다)."

"(당신을 위해) ~하게 노력했는데, 당신도 ~해주셨으면 좋겠습니다."

 말습관 트레이닝 앞서 배운 내용을 토대로 언짢은 감정을 표현해보자.

○ 휴일에 함께 전시회에 가기로 한 동료가 약속을 깜빡 잊고 나오지 않았
다. 약속 시간이 30분 지난 상황에서 동료와 통화를 한다고 가정하고 자
신의 입장을 전해보자.

이영표 축구해설가이자 前 국가대표 축구선수

진정성 있게
타인을 높이다

前 국가대표 축구선수이자 축구해설가인 이영표는 여운 깊은 명언들로도 잘 알려진 인물이다. 세계의 유명 축구 스타들과 어깨를 나란히 하는 국가대표가 되기까지, 그가 지나온 모든 순간의 마음가짐이 그의 어록 속에 잘 녹아 있다. 그의 메시지는 대부분 고통 속에서 용기를, 좌절 가운데 희망을 찾도록 이끈다. 이 때문에 이영표는 운동선수나 청년들을 대상으로 한 강연에도 많이 초청받고 있다. 자칫 진부하게 들릴 수도 있는 희망의 메시지를 그는 어떻게 효과적으로 전달하는 걸까?

> 66 젊은 여러분. 경기에 나서지 못하는 후보 선수처럼 누구의 관심도 받지 못한 채 무거운 마음으로 구석진 한쪽 벤치에 앉아 있습니까? 그러나 그곳 이야말로 더 강해지고 더 겸손해지며 더 배울 수 있는 최고의 장소입니다. 여러분이 앉아 있는 벤치. 그곳은 분노와 불만, 상심의 장소가 아니라 희망과 겸손, 그리고 노력의 장소여야만 합니다. 여러분은 지금 어떤 벤치에 앉아 있습니까? 99

수많은 선수가 경기를 준비하지만, 모두가 경기를 뛸 수 있는 건 아니다. 마찬가지로 수많은 청년이 목표를 향해 달려가지만, 모두가 원하는 성과를 이뤄내지는 못한다. 이영표는 이처럼 대다수가 경험하는 상황과 감정에 대한 이야기를 수평적 자세로 건넴으로써 대화를 연다. 뻔한 구조로 흘러가는 말하기가 아닌 비유와 대구의 기법을 사용해 자신의 이야기에 더욱 집중할 수 있게 한 것이다. 무엇보다 이영표의 메시지가 강렬한 울림을 주는 이유는 그가 청자의 참여를 유도해 한 번 더 생각하게 하고, 한 번 더 공감하게 하는 열린 대화를 하고 있기 때문이다.

> 66 제가 박지성이라는 그늘에 가려져 있었습니까? 어쩐지 항상 시원하다 했습니다. 저는 그늘을 좋아합니다. 서늘해서 낮잠을 자기도 좋습니다. 누군가 제게 그늘을 허락한다면 그 사람에게 감사해할 것입니다. 99

한 인터뷰에서 이영표는 "박지성의 그늘에 가려서 섭섭하지 않은가?"라는 질문을 받았다. 그 질문에 대한 답으로 그는 위와 같은 말을 했다. 내가 누군가의 그늘에 가려져 있다는 평가는 자칫 기분이 상할 수도 있는 말이다. 하지만 이영표는 자신의 감정에 초점을 맞추지 않고 박지성이라는 선수를 높이는 데 초점을 맞췄다. 누가 들어도 박지성에 대한 이영표의 마음이 진실하다는 것을 느낄 정도로, 구체적인 표현과 정성을 담아 타인에 대한 감사를 나타냈다. 이것이 바로 진정성이다.

말습관
16

범위는 좁게, 의도는
분명하게 질문하라

어떤 질문을 받으면 대답하기 난감하고 어려울 때가 있지 않은가? 또 어떤 질문을 받으면 왜 석연치 않은 기분이 드는 걸까? 그건 그 질문 자체가 좋지 않은 질문에 해당하기 때문이다.

질문은 대화를 이어가는 핵심 요소로, 주로 정보를 얻거나 공감과 교류를 나누기 위함이 목적이다. 그런데 질문이 상황에 맞지 않거나 방식이 잘못됐을 땐 전혀 다른 방향으로 대화가 흘러가기도 한다. 이런 질문은 대화 참여자 사이의 소통과 교감을 방해하므로 반드시 적절한 질문으로 바꿔 말해야 한다. 그럼 좋지 않은 질문은 과연 무엇일까?

나쁜 질문에 해당하는 다음 예시를 살펴보자.

☹

💬 **이 대리가 사외 아이디어 공모전에서 수상한 후, 배 대리가 질문하는 상황**

1. 공모전은 어떻게 준비해야 하나요?
2. 이 콘셉트, H사 제품과 비슷하지 않나요?
3. 저도 이거 해보려는데 상금이 얼마예요?

자신이 이 대리라고 생각하고 위 질문에 답해보자. 어떤 느낌이 드는가?

일단 1번 질문은 범위가 너무 넓고 막연하다. 상대방이 알고자 하는 바가 뚜렷하게 파악되지 않은 상황에서 처음부터 너무 방대한 범주의 질문을 던지면 상대방은 어디부터 말해야 할지 혼란스럽다. 2번 질문은 그 의도가 의심스럽다. '혹시 카피한 거 아녜요?'라는 의심이 담겨 있는 것 같다. 이런 질문은 듣고 나서 불쾌할 뿐만 아니라 좋은 정보를 주려는 마음마저 식게 만든다. 3번 질문은 상금에 대한 목적이 전면에 드러나서 부담스럽다. 질문에도 완급과 흐름이 있다는 사실을 기억하자.

결국 이 세 가지 질문에 모두 성실하게 답했다고 해도 이 대리는 배 대리와 기분 좋은 대화를 나눴다거나 심도 있게 소통한 느낌을 받기 힘들 것이다.

1. 공모전은 얼마 동안 준비했어요? 자료는 어디서 주로 찾으셨어요?
2. 이런 멋진 아이디어는 어디서 영감을 받았어요?
3. 고생 많이 한 만큼 뿌듯하시겠어요. 회사 다니면서 준비하기 쉽지 않았을 텐데, 노하우가 있나요?

먼저 1번 질문은 범주가 확연히 좁아지면서 대답하기 쉬운 질문으로 변했다. 질문은 이렇게 가볍고 구체적인 소재로부터 출발해 점차 범주를 넓혀나가는 식으로 해야 한다. 그러면 필요한 정보를 더 효율적으로 얻을 수 있다.

"프로젝트는 어떻게 성공시켰어요?"라는 질문보다는 육하원칙에 따른 구체적인 질문이 답하기 훨씬 수월하다. "프로젝트 기간은 얼마나 되었어요?", "누구와 준비하셨어요?", "정보와 자료는 어디서 찾으셨어요?", "주제 선정 범위가 광범위했을 텐데, 왜 그 주제를 선택하셨어요?" 이처럼 말이다.

2번 질문은 의도가 어쨌든 '카피한 것 같다'는 느낌을 주는 비꼬는 말투였다. 대신에 동료의 수상을 칭찬하는 의도를 담아 바꿨더니 석연치 않은 느낌이 사라졌다. 한마디를 건네더라도 분위기를 파악하고 상대방을 배려하는 자세가 질문할 때도 필요하다. 혹시 이 질문을 받으면 상대가 언짢지 않을까 다시 한번만 생각하고 질문을 건네자.

마지막으로 3번 질문에서는 상금을 알고 싶은 목적을 뒤로 미뤘다. 대신 상대의 노력과 힘듦을 공감하며 자연스럽게 노하우를 물었다. 이럴 경우 상대방 역시 마음을 열고 더 많은 노하우를 건네줄 가능성이 커진다.

물론 상금이 제일 궁금할 수도 있다. 하지만 상대방이 듣기에 저돌적이고 난감한 질문은 아예 하지 않는 것이 좋다. 특히 비용과 관련한 질문, 지나치게 개인사와 관련한 부분은 친분이 깊게 쌓이기 전에는 삼가는 것이 좋다. "얼마 받으셨어요?", "~와 일하는 거 잘 맞아요?", "프로젝트 하느라 맨날 밤새셨을 텐데, 여자친구가 섭섭해하지 않아요?" 이런 질문은 피하자.

주변을 보면 나쁜 사람 같지는 않은데, 눈치 없고 같이 대화하기 꺼려지는 사람이 의외로 많다. 같이 회식이라도 하면 어떤 폭탄 질문이 나올까 두려운 인물이기도 하다. 나쁜 질문을 피하는 것이야말로 이런 사람이 되지 않는 지름길이다.

• 기억하자

1. 질문할 때는 범위를 좁혀 구체적으로 한다.
2. 상대방을 언짢게 하거나 상황에 맞지 않는 질문은 피한다.
3. 금전이나 사생활과 관련한 질문은 친분을 쌓기 전까지 금물이다.

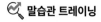

구독자 100만의 유튜버를 만나 '도전'에 대한 인터뷰를 진행한다고 가정하
고, 질문 5개를 생각해보자.

1.

2.

3.

4.

5.

유머는 상황과 타이밍에
맞게 써라

주변을 보면 희극인 못지않은 센스와 유머로 늘 사람들을 웃게 하는 사람이 있는가 하면, 어떤 리액션을 해야 할지 난감할 정도로 안타까운 개그 꿈나무가 있다.

사실 유머 감각도 어느 정도 타고나는 면이 있다. 하지만 스스로 그런 타입이 아니라고 생각되더라도 몇 가지만 유념하면 중간은 갈 수 있다. 그중 첫째는 유머를 타이밍에 맞게 사용하고 남발하지 않는 것이다. 상황에 맞는 적절한 유머는 대화에 활기를 주지만 맥락과 상관없는 생뚱맞은 유머, 상대방을 공격하는 듯한 유머, 자기를 비하하는 유머는 오히려 이미지에 해가 된다.

부적절한 유머로 분위기가 어색해진 다음 대화를 살펴보자.

☹

💬 **회사 워크숍 중 교육 시간, 조는 사람이 속출하는 상황**

강사 ┃ 여러분, 오늘 많이 피곤하시죠?

청중 ┃ 네.

강사 ┃ 아마 점심 식사 후라 더 그럴 거예요. 그럼 제가 잠깐 아재 개그 몇 개 해볼까요? 세상에서 제일 지루한 중학교는 뭘까요? 로딩 중입니다. 그럼 오삼불고기를 영어로 하면 뭘까요? 컴온 불고기. 영어로 Come on 요. 오삼이니까.

청중 ┃ ….

강사 ┃ 지영 씨는 아까부터 정신 못 차리네요? 그러다 고개 부러져요. 그냥 편하게 누워 자죠 왜. 하하하.

위 대화에서 강사는 상황을 제대로 판단하지 못한 상황에서 무리하게 유머를 시도했다. 다들 점심 먹은 후 노곤해서 집중도가 떨어졌는데, 상대의 반응도 살피지 않고 마구잡이로 유머를 던졌다. 게다가 외워서 하는 듯한 유머라 신선함마저 떨어진다. 당신이 청중이라면 과연 이 상황에서 호응을 할 수 있을까? 오히려 '저 사람 재미없다, 지금 뭐 하는 건가?'라는 생각만 들 것이다.

여기에 더해, 강사는 특정 인물을 공격하는 느낌을 주는 개그를 시도했다. 그 개그는 웃기지도 않았을뿐더러 지영 씨는 내심 창피함을 느꼈을 수도 있다. 전혀 득이 되지 않는 유머다. 유머 역시 결국은 센스와 눈치에 달렸다는 것을 확인할 수 있는 예다. 스스로 이미지를 깎아 먹는 유머는 아예 안 하느니만 못하다.

상황을 무마하려 무리한 유머를 시도한 다음 대화를 살펴보자.

> **전 대리가 연락 없이 야유회 출발 장소에 늦게 나타난 상황**
>
> 하 대리 | 전 대리, 왜 이렇게 늦은 거예요? 안 오는 줄 알았잖아요.
>
> 전 대리 | 미안해요. 택시가 너무 안 잡히는 데다 차까지 막혀서요.
>
> 하 대리 | 그럼 좀 일찍 일어나서 서두르지, 다들 얼마나 기다렸다고요.
>
> 전 대리 | 일찍 일어나는 새가 피곤하다잖아요. 하하하.

약속 시간에 늦어서 무안한 마음에 유머를 던졌지만, 오히려 역효과가 났다. 전 대리는 유머를 꺼내기 전에 먼저 분위기를 파악했어야 했다. 하 대리의 말에는 이미 지침, 원망, 짜증의 감정이 묻어나 있다. 상대의 마음이 유머를 받아들이기에 충분히 열린 상태가 아님에도 불구하고 무작정 유머로 상황을 무마하려는 건, 불난 집에 기름 붓는 격이나 다름없다.

앞의 두 대화에서처럼 유머는 타이밍이 맞지 않으면 소통을 방해할 수 있다. 또 상대방의 개그 코드를 알아야 기분 좋게 유머를 건넬 수 있다. 하지만 개그 코드는 시간이 지나면서 그 사람을 경험해봐야 알 수 있는 것으로 초반에는 알기 힘들다. 초반에 상대와 친해지겠다고 공격하는 듯한 유머, 자신을 비하하는 유머, 분위기를 썰렁하게 만드는 아재 개그를 시도하는 것은 잠시 내려두자.

유머는 상당한 내공이 필요한 대화 기술이다. 말에 자연스레 묻어나야 한다. 그러므로 자신이 없다면 차라리 부드러운 소재의 한담으로 대체하는 편이 낫다. 또한 유머에 자신 있는 사람이더라도 상대방과 친해지기 전에는 이를 신중하게 구사해야 한다.

• 기억하자

유머의 성공률을 높이려면 먼저 상황 판단 센스를 길러야 한다. 유머에 자신이 없거나 상대방과 친하지 않으면 무리한 유머는 삼가자.

말습관
18

주변 사람의 호응을
유도해 설득하라

대화하다 보면 의견을 피력하거나 주장을 펼쳐야 할 때가 있다. 그때 그 주장을 뒷받침하는 논리와 근거가 탄탄하고, 충분한 부연이 이어진다면 말에 설득력이 생긴다.

그런데 그런 근거도, 설명도 부족한 상황이라면 어떨까? 그럴 땐 주변 사람의 공감과 동의를 끌어내는 방법을 통해 자신의 의견에 힘을 더할 수 있다. 때로는 구글 빅데이터보다 나와 비슷한 의견을 가진 주위의 한 사람이 더 든든한 법이다. 그 사람의 호응이 당신의 주장을 상대방에게 더욱 명확하게 전달하는 촉매제가 될 것이다.

주장에 대한 객관적인 근거가 부족해 말문이 막힌 다음 대화를 살펴보자.

> **💬 팀 내 홍보 전략 회의에서 새로운 방법을 제시하는 상황**
>
> 팀장 　| 이번 신제품은 소비자 인지도가 부족하니까 무료 체험 기간에 제품을 써볼 수 있게 홍보하면 어떨까?
>
> 장 대리 | 글쎄요. 무료 체험 말고 사은품을 끼워 팔면 어떨까요?
>
> 팀장 　| 사은품은 늘 해왔던 홍보 방법이라 새로운 느낌이 없지 않나?
>
> 장 대리 | 그래도 주요 소비층인 주부들은 그걸 더 선호해서요.
>
> 팀장 　| 음… 선호한다는 기준이 뭐지?
>
> 장 대리 | 더 많이 팔리는 거죠.
>
> 팀장 　| 데이터가 있나?

　팀장의 입장에서는 납득할 만한 이유도 없이 장 대리가 자신의 의견에 부정적인 피드백을 내놓은 것으로 인식할 수 있다. 장 대리의 주장은 사은품을 활용하자는 것인데, 그 방법이 더 나을 거라는 인상을 주지 않는 이유는 근거가 빈약하기 때문이다. 도대체 어떤 기준으로 그런 결론을 내린 건지, 주장을 뒷받침하는 타당한 이유가 결여됐기 때문에 설득력이 떨어진다.

　결국 두 사람이 의견을 모아 절충점을 찾은 게 아니라, 서로 자신의 아이디어만 던지는 양상이 돼버렸다. 이렇게 평행선을 달리는 의사소통은 시간만 축낼 뿐이다. 이때 회의에 조 대리도 함께 참여했다고 가정하고 대화를 재구성해보자.

☺

팀장 ┃ 이번 신제품은 소비자 인지도가 부족하니까 무료 체험 기간에 제품을 써볼 수 있게 홍보하면 어떨까?

장 대리 ┃ 팀장님 의견도 좋은데요, 사실 작년 신제품 홍보 때 무료 체험 이벤트를 해봤는데 실구매로 잘 이어지지 않더라고요. 조 대리가 그때 담당이었죠?

조 대리 ┃ 맞습니다. 의외로 체험만 해보고 떠나는 비율이 높았습니다.

장 대리 ┃ 대신 구매 시 사은품 증정으로 전략을 바꾸니까 매출이 많이 올랐었죠?

조 대리 ┃ 아무래도 주요 소비층이 주부들이라 생활용품을 사은품으로 증정하는 게 훨씬 더 효율적이더라고요.

팀장 ┃ 그래요? 그렇다면 사은품 증정이 더 낫겠네요.

　

장 대리는 팀장이 제안한 방법의 단점과 자신이 주장한 방법의 장점을 조 대리의 동의를 끌어내면서 부각했다. 이것이 바로 '호응 유도 전략'이다. 특히 위 대화처럼 아이디어나 해결책을 모색하는 상황에서는 객관적 사실이나 수치 따위의 정확한 정보에 근거해 동의를 유도해냈을 때 그 효과가 극대화된다. 사람들은 심리적으로 검증된 정보나 다수가 따르는 의견에 신뢰를 느끼기 때문이다. 장 대리의 의견 역시 일종의 타인 검증 과정을 통해 한층 더 설득력이 생겼다고 볼 수 있다.

이 방법은 여러 명이 대화하는 상황에서 한 사람과 의견 갈등이 있거나 조율점이 도저히 보이지 않을 때 적극적으로 활용하면 좋다. "이 대리, 지난번에 이와 같은 일이 있었죠? 그때 이렇게 하지 않았나요?", "김 과장님, 저번에 ~했던 일 기억나시죠? 그거 이번 이슈랑 비슷하지 않아요?"라고 말하며 제삼자를 끌어들여 내 편을 만들어 보자. 단, 그 사람이 나와 경험을 공유했거나 비슷한 의견이라는 확신이 있을 때만 이 전략을 사용해야 한다.

사회생활을 하다 보면 상대와 충돌이 있을 수 있고, 그 과정에서 접점 없이 얘기만 길어지는 갈등구조가 생길 수 있다. 이때 내 의견에 확신이 있다면 호응 유도 전략을 활용해 상대를 설득하면 좋다. 하지만 상대방이 제시한 근거가 맞다고 판단되면 그 의견에도 따를 수 있는 열린 태도를 지니는 것 또한 잊지 말자.

주변 사람의 공감과 동조는 내 의견에 설득력을 실어준다. "~ 씨, 지난번에 ~한 일이 있었죠?", "~씨도 ~한 일 기억하시죠?" 등의 표현으로 호응을 유도하자.

말습관 트레이닝

옆에 경험을 공유하고 있는 동료가 있다고 가정하고, 각 주장에 호응 유도 전략을 적용해보자.

◦ 전단지 현장 홍보는 비효율적이다. (호응 유도)

◦ 원푸드 다이어트는 효과가 크지 않다. (호응 유도)

패러프레이즈로
같은 말의 반복을 피하라

패러프레이즈 Paraphrase 의 사전적 의미는 이해를 더 쉽게 하기 위해 다른 말로 바꿔 표현하는 것이다. 예를 들면 '눈여겨보다'는 '주의 깊게 보다'로, '쇼핑족'은 '물건 구매를 즐기는 사람'으로 패러프레이즈 할 수 있다. 패러프레이즈를 사용하면, 전하고 싶은 내용을 더욱 명확하게 강조할 수 있다.

하지만 패러프레이즈를 적절히 가미하지 않은 채 대화 속에서 같은 말을 반복하다 보면, 상대방에게 소통이 막힌 느낌을 주고 뜻하지 않게 강압적이라는 오해를 불러일으키기도 한다.

같은 말을 되풀이하는 다음 대화를 살펴보자.

> 💬 **거래처에 샘플 제작 마감 시한을 꼭 지켜 달라고 당부하는 상황**
>
> 박 대리 ┃ 사장님, 이번 샘플은 베타테스터 체험 기간 전에 나와야 하니까 마감 시한을 꼭 좀 지켜주세요.
>
> 최 사장 ┃ 네, 최선을 다해서 맞춰보겠습니다.
>
> 박 대리 ┃ 날짜가 이미 정해진 거라서 마감 시한이 안 지켜지면 곤란하니까 잘 부탁드릴게요.
>
> 최 사장 ┃ 네.

대화에서 박 대리가 '마감 시한'을 강조하려고 했음을 알 수 있다. 물론 박 대리 입장에서는 일정에 맞게 일을 끝내는 것이 우선순위일 것이다. 하지만 최 사장 입장에서는 '마감 시한'이라는 표현을 계속 언급하는 것을 듣고 '우리를 못 믿는 건가?'라는 생각을 하게 될 수도 있다. 나아가 박 대리가 지나치게 다그친다는 인상을 가질 수도 있다.

패러프레이즈가 결여된 반복의 역효과는 학창 시절에 한 번쯤 들어봤을 부모님의 공부하라는 잔소리를 떠올려보면 쉽게 짐작할 수 있다. 한 번만 말해도 아는데, 계속 말하면 괜한 반감이 드는 것처럼 대화 속에서 같은 말의 과도한 반복은 지양하는 것이 좋다.

패러프레이즈를 가미해 아래처럼 말했다면 어땠을까?

> 박 대리 | 사장님, 이번 샘플은 베타테스터 체험 기간 전에 나와야 하니까 마
>   감 시한을 꼭 좀 지켜주세요.
> 최 사장 | 네, 최선을 다해서 맞춰보겠습니다.
> 박 대리 | 그럼 3월 10일에 샘플 받는 걸로 알고 그 전에 한 번 더 연락드릴게
>   요. 잘 부탁드립니다.
> 최 사장 | 알겠습니다. 그때 샘플 드리겠습니다.

　패러프레이즈의 달인 수준에 오른 사람들은 어휘를 비롯한 표현력이 매우 풍부하다. 하지만 우리가 일상 대화에서 필요한 패러프레이즈의 수준은 위 대화 정도면 충분하다. 마감 시한을 그럴싸한 다른 어휘로 바꾸는 게 아니라, 그 시한이 언제인지 구체적으로 짚어주는 것이다. 그렇게 하면 전하려는 바를 확실히 강조할 수 있고, 최 사장에게 3월 10일이라는 정확한 마감일을 인지시키는 효과도 있다.

　상대방과 대화하면서 강조하거나 명확하게 전달하고 싶은 내용이 있다면, 그것을 대체할 패러프레이즈 표현을 미리 떠올려 준비하는 것도 좋은 전략이다. 반복적으로 등장하는 표현은 유의어로 대체하거나 뜻을 풀어 설명하자. 또 숫자나 데이터로 표현할 수 있는 정보는 바꿔주는 것도 효과적이다.

"마감 기한 지켜주세요." → "10월 1일까지 샘플 받는 것으로 알고 있겠습니다."

"~일까지 홈페이지에서 작성 부탁드립니다." → "일주일 동안 편한 시간에 온라인 등록해주세요."

"~일까지 꼭 수정해주세요." → "일주일 후에 다음 시안 보겠습니다."

마지막에 한 번 더 강조할 때는 조금 더 완곡하게 표현하면서 중요한 내용을 상대방에게 상기시키면 좋다. "그럼 ~까지로 알고 있겠습니다. 그 전에 다시 연락드릴게요. 감사합니다." 하는 식으로 말이다. 일상 속에서 패러프레이즈를 적절하게 활용해 자칫 단조로울 수 있는 대화를 다채롭게 변주해보자.

• **기억하자**

패러프레이즈는 같은 뜻을 다른 말로 바꿔 표현하는 것이다. 내용을 명확히 하거나 강조하고 싶을 때는 패러프레이즈를 사용하자.

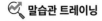

각 문장에서 밑줄 친 부분을 대체할 수 있는 표현을 떠올려 한 번 더 강조해보자.

∘ 회사에 책 신청하면 무료로 제공되는 것 알고 있죠? 여러분들이 책을 많이 읽어서 기본 소양도 쌓고 최신 트렌드를 빨리 읽을 수 있으면 좋겠습니다.

∘ 이번 신제품은 없어서 못 팔 정도라고 합니다. 곧 품절될 것 같으니 구매 서두르세요.

∘ 김 과장, 바쁠 텐데 갑작스럽게 일 시켜서 미안해요. 배너 15일까지 꼭 제출해야 하는데 가능할까요? 좀 부탁할게요.

트리거 전략으로
집중하게 하라

똑같은 내용이라도 어떤 사람이 이야기하면 시작부터 흥미진진하지만, 어떤 사람의 이야기는 굳이 다 들어보지 않아도 지루한 느낌이 든다. 왜 이런 차이가 생기는 걸까?

그 해답은 이야기의 시작에서 찾을 수 있다. 주변에 말 재미있게 한다는 평판을 듣는 사람을 유심히 관찰해보면, 도입부에서 질문이나 예시, 비유를 통해 상대방의 호기심을 자극하고 참여를 유도한다. 청자의 흥미를 유발하는 일종의 방아쇠를 당기는 것인데, 이 '트리거 Trigger 전략'은 일상의 비공식적인 대화는 물론, 발표나 연설 등의 공식적인 말하기에도 광범위하게 적용할 수 있다.

단조롭게 이야기를 시작한 다음 강연을 살펴보자.

💬 **식품회사 개발팀 한 대리가 고등학생들을 상대로 진로 교육을 맡은 상황**

한 대리 | 안녕하세요? 저는 SBC푸드 식품사업부 제품개발팀 대리 한준석이
라고 합니다.

저희 SBC푸드는 창사 10년 만에 업계 2위로 성장한 종합식품기업
입니다. 현재 외식 사업과 식재 사업으로까지 사업 영역을 확장하고
있으며, 5년 연속 일하기 좋은 기업 Top 3에 들 정도로 직원들의 만
족도가 높은 기업입니다.

SBC푸드 본사는 서울 영등포구에 있습니다. 공장은 대구와 전주에
있습니다. 두 공장은 각 300명의 직원을 두고 있어 지역 발전에 이바
지하고 있다고 볼 수 있습니다.

SBC푸드에서 제가 맡은 일은 신제품 개발 업무고, 상반기 매출 1위
를 차지한 저희 대표 제품으로는 핵매운라면, 핵매운감자칩, 핵매운
치킨너겟이 있습니다.

마치 사내 업무 보고를 듣는 듯하다. 이런 형식의 말하기가 과연
고등학생들의 흥미를 끌 수 있을까?

대화에 있어 트리거 전략은 철저한 청중 분석으로부터 시작된다.
그 이야기를 듣게 될 사람, 또는 집단의 특성과 관심사를 고려해 흥
미를 유발할 만한 소재를 찾아야 한다. 그리고 이야기의 서두에 그
소재를 던져 호기심을 자극한다. 이것이 바로 이야기가 끝날 때까지
청중을 잡아두는 강력한 연결 고리 역할을 한다.

☺

한 대리 │ 안녕하세요, 여러분! 이제 한 시간 후면 점심시간이네요? 제가 여러분이 매점에서 즐겨 찾는 것들 한번 맞혀볼까요? 핵매운라면! 핵매운감자칩! 핵매운치킨너겟! 어때요? 다 여러분이 좋아하는 것들이죠? 저는 이 대박 제품들의 개발에 참여한 SBC푸드 식품사업부 제품개발팀 한준석입니다. 반가워요. 올 상반기 저희 회사는 이 효자 품목 삼총사 덕을 톡톡히 봤다고 볼 수 있는데요, 황금알을 낳는 신제품들은 도대체 어떻게 만들어지는지 궁금하시죠? 지금부터 제가 하는 일을 소개하면서 자세히 알려드릴게요.

한 대리가 서두에 던진 '매점'과 관련한 가벼운 질문은 청자를 이야기 안으로 끌어들이고, 적재적소에 쓴 비유는 이야기의 재미를 더해 청자의 집중도를 높인다. 고등학생들이 학교생활에서 가장 관심 있고 자주 가는 곳이 어디겠는가? 바로 '매점' 아닐까?

이 밖에도 고등학생들이 '장래 희망'에 관심이 많다는 것을 겨냥해 자신의 고등학교 시절 얘기를 꺼내봐도 좋을 것이다. "맛집을 굉장히 좋아해서 고등학교 때 야간 자율학습까지 빠지면서 맛집을 찾아다녔어요. 음식 개발에 관심이 있어 식품영양학과에 들어갔고 결국은 식품회사에 들어와서 꿈을 이루었네요." 이처럼 말하며 이야기를 시작해도 좋다.

같은 상황에서 만약 청자가 주부라면 어떤 도입부가 좋을까? "요즘 아이들 간식거리 고민 많으시죠? 매일 같은 음식을 주면 아이들이 금방 질릴 텐데, 그럴 때 '핵매운 시리즈' 어떤가요?"라면서 아이들을 소재로 트리거를 던져도 좋다.

처음에 청자의 흥미를 끄는 것은 매우 중요하다. 초반부터 집중하지 않았는데 끝까지 그 대화에 관심을 보일 리는 없기 때문이다. 서두에서 트리거 전략으로 청자를 사로잡고 지금까지 배운 말습관으로 중후반을 이어가서 시작부터 끝까지 상대방과 공감하는 대화를 나눠보자.

트리거는 곧 흥미 유발 장치다. 청중 분석을 통해 청중의 집중도를 높이고 관심을 끌 만한 트리거를 대화 초반에 준비하자.

🔍 말습관 트레이닝

앞서 배운 내용을 토대로 다음에 답해보자.

각 상황에 맞게 트리거 전략을 써보자.

◦ 입사 면접에서 자신의 장점 피력하기

....

....

....

◦ 가장 기억에 남는 여행에 관해 이야기하기

....

....

....

마윈 前 알리바바그룹 CEO

신선한 비유로
청중의 이목을 집중시키다

2019년 9월, 중국 최대 전자상거래 기업인 알리바바의 회장에서 물러난 입지전적인 인물, 마윈. 그는 은퇴 후 계획을 발표하는 자리에서 교육과 공익 사업을 펼치는 '마 선생님'으로 돌아가려 한다는 오랜 꿈을 밝히기도 했다. 잘 알려진 바와 같이 대학의 영어 강사 출신인 마윈은 든든한 배경도, 대단한 학벌이나 인맥도 없이 8천만 원의 자본금으로 알리바바를 창업해 20년 만에 시가총액 549조 원에 달하는 막강한 거대 기업으로 성장시켰다. 자수성가의 대표적인 인물로서 마윈은 실제로 수많은 강연에서 연설해왔는데, 몇 개의 어록만 보더라도 그가 왜 그토록 많은 사람에게 영감을 주고 귀감이 되는지 잘 알 수 있다.

❝ 자신이 하는 일에 불평하지 마라. 그건 마치 결혼 후 매일 배우자를 욕하면서도 이혼하지 않는 것과 같다. 무의미한 행동이다. ❞

적재적소의 비유와 예시는 상대방의 집중력을 유도하는 효과가 있다. 마윈은 이 점을 연설이나 대화에서 적극 활용했다. 주제만 전달하고 마는 무미건조한 말하기가 아니라 청자의 공감을 끌어내 강한 잔상이 남게 하는 트리거 전략의 말하기다. 이는 주로 이야기의 서두나 화제 전환, 분위기의 환기가 필요할 때 효과적으로 쓰일 수 있다. 여기에 이야기의 흐름과 분위기에 맞는 유머까지 더해진다면 청자는 그 내용을 오래도록 기억하게 된다.

> 66 100번 넘어질 준비가 돼 있지 않다면 창업을 해서는 안 된다. 수없이 거절당하고 비웃음을 살 준비가 돼 있지 않다면 창업을 하지 마라. 세상 모든 사람에게 외면당할 준비가 돼 있지 않다면 창업은 성공할 수 없다. 99

마윈은 본인의 부족함을 부끄러워하지 않고 오히려 그것을 노력의 원동력으로 삼았다. 그의 성공 스토리 뒤에는 수많은 실패와 거절, 시행착오가 따랐는데, 이것이 바로 마윈의 연설이 갖는 가장 강력한 설득력이다. 실제 경험 없이 이상으로만 메시지를 강조하는 사람의 말은 마치 뜬구름처럼 누구에게도 큰 울림을 줄 수 없다. 반면, 마윈은 자신이 직접 겪고 느낀 일화와 교훈을 통해 진정성 있는 조언을 한다. 즉, 중국 최고의 부자인 자신도 듣는 사람과 같은 입장에서 출발했던 점을 빗대어 표현함으로써 상대방의 공감을 유도해낸 것이다. 상대방과의 공통점을 기초로 세워진 유대감은 상상 이상으로 큰 영향력을 발휘한다.

말실수는 줄이고 말센스를 키우는

상황별 트레이닝 15

1장에서 배운 말습관을 상황에 맞게 적용해 진짜 내 말습관으로 정착시킵니다.
사회생활을 하면서 흔히 마주치는 15가지 상황에서
좀 더 센스 있게 말하는 법을 훈련해봅니다.

휴가를 다녀온 동료와
커피 타임 상황

1장의 말습관을 적용해 '나'의 대화에서 아쉬운 점을 개선해보자.

동료	하와이 햇살이 좀 뜨거워야 말이지. 나 많이 탔지?
나	응.
동료	하와이 진짜 좋긴 좋더라. 이번에 서핑도 배우고 왔잖아.
나	서핑을?
동료	응, 와이키키 해변에 레슨하는 곳이 많더라고. 80달러 주고 잘 배웠지.
나	오….
동료	운동신경 좀 있으면 생각보다 안 어려워.
나	난 별로….
동료	아… 요즘 국내에도 서핑 배우는 사람 많아졌다고 하던데.
나	그러게.
동료	아무튼 이번에 진짜 잘 쉬다 왔어. 나중에 기회 되면 하와이 꼭 가봐.
나	어.

⏱ 첨삭 노트

참으로 안타까운 대화가 아닐 수 없다. 동료는 상대방이 자신의 이야기에 흥미가 없거나 자신을 그다지 좋아하지 않는다고 느낄 가능성이 높기 때문이다.

정말 그 동료를 싫어하는 게 아니라면 조금 더 관심을 두고 대화에 적극적으로 참여해보면 어떨까? 동료와의 관계가 좋아지는 것은 물론 왠지 모르게 더 대화하고 싶은 사람으로 거듭날 수 있을 것이다. 앞에서 배운 말습관 2, 3, 19를 활용해보자.

말습관 2 | 리액션으로 공감을 표현하라

말도 흥이 나야 더 풍성해지는 법이다. 말마다 리액션 하나 없고 상대방에게 뭘 묻지도 않는 태도로 일관하는 건, 상대에게 이야기를 그만하라고 말하는 것과 다르지 않다. 특히 경험이나 지식과 관련한 대화에서 좀 더 깊이 있는 정보를 끌어내고 싶을 때, 핵심은 리액션이라는 것을 잊지 말자.

말습관 3 | 단답형으로 말하지 마라

요즘엔 로봇도 이렇게 대답만 하지 않는다. 시종일관 단답형에 만사에 무관심한 듯 느껴지는 말투는 당신의 이미지를 망치는 지름길이다. 짧고 무뚝뚝한 말투 대신 더 관심이 느껴지고, 집중해서 듣고 있는 것 같은 말투를 사용하자.

말습관 19 ┃ 패러프레이즈로 같은 말의 반복을 피하라

똑같은 내용이라도 표현하는 방법은 다양하다. 예를 들어 '탔다'를 '까매졌다'로, '서핑을 좋아한다'를 '서핑족'으로 바꿀 수 있다. 상대방이 말한 내용을 그저 반복하기만 하는 것은 대화 자체를 딱딱하게 만든다. 약간의 창의력을 보태 대화를 재미있게 만들어보자.

🔄 첨삭 노트를 반영해 이렇게 대화해보자.

동료 ┃ 하와이 햇살이 좀 뜨거워야 말이지. 나 많이 탔지?

나 ┃ 🔄말습관 2+3+19적용 어, 처음에 진짜 몰라봤어. 뭘 했기에 이렇게 까매진 거야?

동료 ┃ 이번에 서핑을 제대로 배우고 왔거든. 해변이랑 바다에 계속 있다 보니까 이렇게 타더라고.

나 ┃ 🔄말습관 2+3적용 와, 서핑이라니… 멋진데? 그런데 서핑 배우기 힘들지 않아?

동료 ┃ 운동신경 좀 있으면 생각보다 안 어려워. 나도 처음에는 잘 일어서지 못했는데 몇 번 반복하니까 되더라고.

나 ┃ 🔄말습관 3+19적용 글쎄, 나도 배우고 싶긴 한데, 균형 감각이 없어서 잘할 수 있을지 모르겠다.

동료 ┃ 요즘 국내에도 서핑 배울 수 있는 곳 많던데, 언제 한번 나랑 같이 갈래?

나 ┃ 🔄말습관 2+19적용 좋지! 강원도 양양이 서핑족에게 인기가 많다고 하더라.

다른 부서 직원과
프레젠테이션을 준비하는 상황

1장의 말습관을 적용해 '나'의 대화에서 아쉬운 점을 개선해보자.

나	안녕하세요, 영업팀 김기훈입니다.
유 대리	안녕하세요? 마케팅팀 유성호입니다.
나	저희 부장님이 이번 프레젠테이션 엄청 중요하다고 말씀하시더라고요.
유 대리	네, 해외 바이어가 많이 참여한다고 들었어요.
나	영어가 문제인데, 영어는 잘하세요?
유 대리	아, 저는 미국에서 대학까지 다녀서 영어는 큰 문제 없어요.
나	그럼 영어 발표는 해결됐네요. 근데 발표는 많이 해보셨고요?
유 대리	아니요. 발표는 이번이 처음이라 조금 걱정이 되네요.
나	제가 좀 해봤으니 모르는 것 있으면 물어보세요.
유 대리	네, 알겠습니다.
나	대리님이 발표하니까 PPT 작성은 제가 할게요.

✏️ 첨삭 노트

협업의 상황에서 가장 중요한 건 뭘까? 바로 그 일에 함께 참여하고 있는 상대방에 대한 배려다. 능력치와 경험, 개성이 제각각인 사람들과 함께 일을 하면서 상대를 배려하지 않는다면 서로 불만이 쌓일 뿐 아니라, 소통을 제대로 하지 못해 일 자체가 산으로 가기 쉽다. 결과만큼이나 중요한 과정을 좀 더 기분 좋게 만드는 방법은 없을까? 다음의 말습관 5, 6, 9를 활용해보자.

말습관 5 | 스몰토크를 적극 활용하라

만나자마자 바로 일 얘기로 돌입하는 게 과연 프로다운 모습일까? 오히려 상대방은 당신을 차가운 사람으로 여길 수 있다. 날씨나 안부, 취미, 관심사, 가십 등 적당한 한담을 통한 교류와 소통은 관계를 유연하게 만든다.

말습관 6 | 명령문이 아닌 청유문, 의문문을 써라

대화가 후반부로 갈수록 '나'가 유 대리에게 은근히 일을 시키며 수직적으로 흘러가는 느낌을 받을 것이다. '나'가 유 대리보다 상사일지라도 이렇게 일방적인 태도와 말투는 금물이다. 일을 시작하기도 전에 상대의 감정만 상하게 할 뿐이다. 유 대리가 프레젠테이션을 해야 하는 상황이라면, 먼저 청유문이나 의문문으로 정중하게 의향을 물어보고 나도 힘껏 돕겠다는 수평적 태도를 보여야 한다.

대화에서 유 대리는 아마 발표를 자기한테 시키려고 영어에 대한 질문을 했다고 여길 것이다. 어차피 영어를 잘하는 유 대리가 발표를 맡게 될 운명이었다고 해도, 유 대리 입장에서는 상대방이 뭔가 일을 떠넘긴다는 석연치 않은 느낌을 지울 수 없다. 유 대리에게 발표를 시키더라도 칭찬을 먼저 건네며 정중하게 다가갔다면, 유 대리의 기분이 조금 덜 언짢지 않았을까?

🔄 첨삭 노트를 반영해 이렇게 대화해보자.

☺

나 | 안녕하세요, 영업팀 김기훈입니다.

유 대리 | 안녕하세요? 마케팅팀 유성호입니다.

나 | 🔄말습관 **5**적용 평소에 이야기 많이 들었어요. 마케팅팀이 조용한 편
인데, 유 대리님이 분위기 메이커라 하더라고요. 유 대리님 덕분에
분위기가 좋아졌다고 하네요.

유 대리 | 아, 아닙니다. 저도 김 대리님 말씀 많이 들었어요. 이번에 같이 프레
젠테이션하게 돼서 기쁘네요.

나 | 🔄말습관 **9**적용 저야말로 잘 부탁드려요. 그런데 유 대리님 외국어를
정말 잘하신다면서요? 영어만 잘하는 게 아니라 스페인어도 유창하
다면서요. 이번에 해외 바이어도 참여한다는데, 저는 영어를 잘하지
못해서 사실 발표는 자신이 없거든요.

유 대리 | 아, 제가 미국에서 학창 시절을 보냈거든요. 그럼 선배님 괜찮으시
면 영어 발표는 제가 하는 걸로 할까요?

나 | 🔄말습관 **6**적용 그래 주시면 감사하죠. 대신 제가 유 대리님 필요한
자료 잘 정리해서 발표하는 데 무리 없도록 하면 어떨까요?

유 대리 | 네, 저도 궁금한 거 있으면 여쭤볼게요. 고맙습니다.

상황
03

우수 사원을
발표하는 상황

1장의 말습관을 적용해 '나'의 대화에서 아쉬운 점을 개선해보자.

나 | 에, 그럼… 하반기 우수 사원을 표창하겠습니다. 사실, 올해 우리 디자인팀은 사내 우수 부서로 뽑힐 정도로 실적이 우수한데, 사실 그 중에서도 단연 돋보이는 팀원이 고윤수 사원입니다.

음… 고윤수 사원은 아시다시피 그… 작년에 입사한 신입사원으로, 올해 상반기에 출시한 신제품 라인의 디자인을 도맡아 진행하며 능력을 인정받은 인재입니다.

사실, 그… 마감까지 처리해야 할 일이 많고 수성 요청도 넘쳐났던 상황 속에서도 다른 팀원들과 협력해 멋진 성과를 낸 고윤수 사원, 진심으로 축하합니다. 상장은 팀장님께서 격려금과 함께 전달해주시겠습니다.

언뜻 보기엔 무난한 발표다. 하지만 문제는 뻔하고 진부해 청중의 집중력이 흐려질 수 있다는 점이다. 또한 필러 표현을 남발해 말이 어수선하게 느껴진다.

명연설을 보면 청중의 관심을 끌어내 처음부터 끝까지 집중하게 만드는 요소들이 내용 곳곳에 숨어 있다. 이 점을 적극적으로 활용한다면, 어떤 형태의 말하기든 시작할 때부터 끝날 때까지 화자와 청자의 참여도가 모두 높은 적극적인 소통을 할 수 있다. 청자의 집중과 공감을 유도해낼 수 없다면 그 말하기는 쉽게 잊히고 말 것이다. 다음의 말습관 8, 18, 20을 적용해 대화의 틈을 채워보자.

말습관 8 | 군더더기 표현은 걷어내라

필러 표현을 사용하는 건 습관이다. 즉 얼마든지 노력으로 고칠 수 있다는 뜻이다. 공식적인 말하기에서 필러 표현을 과도하게 쓰면, 전문성이 떨어져 보이거나 준비가 덜 됐다는 인상을 준다. 만약 공식 석상에서 발표할 일이 있다면, 최소 3번 이상 미리 연습해야 한다. 이렇게 완벽히 준비하면 말문이 막힐 때 나오는 필러 표현을 모두 제거할 수 있다. 발표뿐 아니라 평소 자신의 말에서도 반복적으로 등장하는 군더더기 표현을 찾아 점차 줄여보자.

말습관 18 | 주변 사람의 호응을 유도해 설득하라

왜 교장 선생님의 훈화가 지루하게 느껴질까? 공감되지도, 함께 경험하지도 않은 내용을 길게 말하기 때문이다. 마찬가지로, 누군가를 축하하는 상황에서 단순히 그 사람의 프로필을 읊어댄다면, 청자에게 그 내용이 크게 와닿지 않는다. 모두가 알고 있는 객관적인 사실, 또는 성과에 대한 기억을 토대로 그 사람이 어떤 일을 해냈는지 구체적으로 제시한다면, 더 많은 공감을 끌어낼 수 있다.

말습관 20 | 트리거 전략으로 집중하게 하라

목적이 뚜렷한 말하기라고 해도 형식이 틀에 박혔다면 내용까지 진부하게 느껴질 수 있다. 이럴 땐 비유, 질문, 예시를 활용한 트리거 전략을 적용해보자. 명작은 첫 문장에서 판가름 난다고 했다. 마찬가지로, 시작에서부터 관심을 끄는 말하기는 그렇지 않은 말하기에 비해 끝까지 청자의 관심을 붙들어둘 확률이 훨씬 더 높다.

🔄 첨삭 노트를 반영해 이렇게 대화해보자.

☺

나 | 🔄말습관 20 적용   할 수만 있다면 돈을 주고라도 갖고 싶은 타이틀, 디자인팀의 금손! 하지만 이 사원은 입사 1년 만에 그 금손의 주인공이 됐습니다. 과연 누굴까요?

바로 우리 디자인팀의 막내이자 마스코트인 고윤수 사원입니다.

🔄말습관 18 적용   상반기에 출시한 신제품 라인의 디자인은 소비자 반응이 굉장히 좋았죠? 올해 우리 팀이 사내 우수 부서로 뽑힐 때도 언급이 됐던 부분이기도 하고요. 고윤수 사원은 바로 그 디자인을 도맡아 진행한 우수 사원입니다. 특히 마감까지 수정 요청이 넘쳐났던 상황 속에서도 다른 팀원들과 협력해 멋진 성과를 낸 고윤수 사원, 진심으로 축하합니다. 상장은 팀장님께서 격려금과 함께 전달해주시겠습니다.

🔄말습관 8 적용(전체적으로 필러 표현을 제거함)

상황
04

다른 부서 동기와
오랜만에 만난 상황

1장의 말습관을 적용해 '나'의 대화에서 아쉬운 점을 개선해보자.

나	이게 얼마 만이야?
동기	그러게, 오랜만이다. 잘 지내지?
나	응. 요즘 갑자기 외주 업체 담당자가 바뀌는 바람에 난리도 아니야. 처음부터 하나하나 다 맞춰나가야 하는데 정말 몸이 열 개라도 모자랄 정도라니까.
동기	담당자는 왜 바뀐 거래?
나	솔직히 상황이 그렇게 되면 후임한테 업무 인수인계가 돼 있어야 하는 거 아냐? 그게 전혀 안 된 상태에서 지금 우리만 닦달하는 꼴이야.
동기	그렇구나. 너무 무리다 싶으면 휴가를 좀 쓰는 건 어때?
나	당연히 못 쓰지! 지금 이런 상황에서 휴가가 웬 말이야!

✂ 첨삭 노트

자기 말만 하는 사람과 대화해본 적 있는가? 상대의 말은 듣는 둥 마는 둥 자신의 이야기만 쏟아내기 바쁘다. 앞선 대화에서 '나'의 모습이 딱 그렇다. 동기가 건네는 질문은 무시하고, 자기 힘든 상황만 쭉 나열하고 있다. 상대방이 어떤 말을 했는지 알아야 그에 대한 공감이 이뤄지고 대화가 이어지는데, 그런 모습을 찾아볼 수 없다. 아마 동기는 이 대화를 무척이나 피곤하게 느꼈을 것이다.

대화는 양방향의 소통이라는 점을 꼭 기억하자. 그리고 경청하는 자세를 가질 때 소통은 더욱 원활해진다. 다음의 말습관 1, 3, 4를 활용해보자.

말습관 1 | 핵심을 파악하며 들어라

이미 상대방이 한 이야기를 반복적으로 되묻는 경우, 이야기의 흐름을 자주 놓치고 다른 이야기를 하는 경우, 자신의 말만 늘어놓는 경우, 이 모두는 들으려는 자세가 부족한 사람의 특징이다. 상대가 말하려는 것에 관심을 기울이고, 그 핵심 내용에 맞게 대화를 이어가야 한다. 또 상대방이 이야기할 때는 말하고 싶은 욕심을 버리고 집중하자.

말습관 3 | 단답형으로 말하지 마라

상대방에게 좀 더 친절하게 말해서 손해 볼 건 없다. 하지만 퉁명스럽게 말해서 잃게 되는 건 꽤 많다. 상대의 입장이 돼 내가 한 말이 어떻게 들릴지 먼저 생각해보자. 퉁명스럽다는 느낌이 든다면, 단답형의 말투를 피하고 성의를 담아 말을 표현해보자. 더욱 배려 있고, 융통성 있는 사람으로 여겨지게 될 것이다.

말습관 4 | "당신은 어때요?"라고 물어라

앞 대화의 흐름은 '나'에게 비중이 쏠려 있다. 상대방이 관심을 두고 대화에 참여하려 해도 금세 턱턱 막혀버렸다. 자신의 이야기에만 집중했기 때문에 생긴 상황이다. 중요하고 급한 내용일수록 상대방의 의견을 묻고 참여를 유도하자. 상대방도 소통되고 있다는 느낌을 받을 때 메시지가 훨씬 효과적으로 전달될 수 있다.

첨삭 노트를 반영해 이렇게 대화해보자.

☺

나 | 이게 얼마 만이야? 우리 신입 연수 이후로 처음 보는 거지?

동기 | 그러게, 벌써 1년이나 흘렀네. 잘 지내지?

나 | 🔄말습관 1+4 적용 연말이라 정신없지. 마케팅팀도 신제품 때문에 바쁘지?

동기 | 그렇지, 뭐. 론칭 일이 임박하다 보니까 우리도 매우 바쁘네.

나 | 그래? 우리는 외주 업체 담당자가 바뀌는 바람에 요즘 난리도 아니야. 처음부터 하나하나 다 맞춰나가야 하는데 정말 몸이 열 개라도 모자랄 정도라니까.

동기 | 담당자는 왜 바뀐 거래?

나 | 🔄말습관 1+4 적용 개인 사정이 생겨서 갑자기 그만뒀대. 그래서 후임한테 업무 인수인계가 제대로 안 됐더라고. 론칭 준비는 차질 없이 되고 있어?

동기 | 응. 다행히 큰 문제는 없는데, 알잖아, 언제나 론칭 일은 맞추기 힘든 거. 그나저나 너무 무리다 싶으면 휴가를 좀 쓰는 건 어때?

나 | 🔄말습관 3 적용 나도 그러고 싶은데, 일단 그쪽 인수인계가 다 될 때까지는 상황상 좀 힘들 것 같아. 너도 지쳤을 텐데 론칭 끝나면 휴가 좀 쓰고 그래.

신입사원과 함께
협력업체에 가는 상황

1장의 말습관을 적용해 '나'의 대화에서 아쉬운 점을 개선해보자.

> 신입사원 | 와, 오늘 날씨 정말 좋네요.
> 나 | 응, 뭐….
> 신입사원 | 역시 어제 비가 와서 그런가? 하늘 파란 것 좀 보세요.
> 나 | 그러게….
> 신입사원 | 지난번에 유 대리님하고 협력업체 갔는데 생각보다 금방 도착하더라고요.
> 나 | 유 대리는 오늘 외근인가? 안 보이던데….
> 신입사원 | 오늘 하루 휴가 내셨더라고요. 저한테 협력업체 김 대리한테 이 파일 꼭 전달하라고 하셨어요.
> 나 | 계약서는?
> 신입사원 | 여기에 포함돼 있어요.
> 나 | 어디에?
> 신입사원 | 유 대리님이 주신 파일에요.

⟲ 첨삭 노트

왠지 모르게 대화 나누기 싫은 사람의 특징을 자세히 살펴보면, 대개 앞 대화 속 '나'와 비슷한 특징을 갖고 있다. 먼저 상대방의 이야기를 잘 듣고 있는지조차 모를 태도와 무뚝뚝한 말투로 일관하는 경우가 대표적이다. 이런 대화는 중간에 불필요한 이야기가 끼어들거나 비효율적으로 흘러갈 공산이 크다. 게다가 기본적인 공감 능력까지 결여됐다면 그 대화는 그야말로 총체적 난국이다. 어떻게 하면 윤기 나는 대화가 될 수 있을까? 다음의 말습관 1, 3, 5를 눈여겨보자.

말습관 1 | 핵심을 파악하며 들어라

앞선 대화에서 신입사원이 협력업체에 방문했던 이야기를 하는데 '나'는 엉뚱하게 유 대리의 근황을 묻는 등 대화 핵심에서 벗어난 비효율적인 대화를 하고 있다. 대화의 효율을 높이려면 먼저 상대방의 이야기를 잘 듣고 그에 맞는 대답을 해야 한다. 그래야 각자의 메시지가 실수나 오해 없이 전달되고, 대화를 매끄럽게 이어나갈 수 있다.

말습관 3 | 단답형으로 말하지 마라

단답형으로 일관하는 화법은 자칫 퉁명스러워 보이거나, 대화하기 싫어한다는 인상을 준다. 평소에 단답형으로 말하는 습관이 있다면, 의식적으로 자신의 입장이나 적절한 이유를 넣어 완성된 하나의 문장으로 말하는 연습을 해보자. 퉁명스러운 말투만 벗어나도 함께 이야기하고 싶고 일하고 싶은 사람으로 거듭날 수 있다.

말습관 5 | 스몰토크를 적극 활용하라

대화할 때, 본론을 바로 이야기하는 것을 편하게 여기는 사람들이 있다. 하지만 일상의 모든 대화가 그런 식으로 흐른다면 얼마나 딱딱하고 재미없을까? 대화에는 친교라는 중요한 기능이 있다. 날씨, 취미, 안부 등 가벼운 한담을 통해 서로의 마음을 열고 분위기까지 부드럽게 만들 수 있다. 특히, 신입사원이라면 '나'와의 동행이 불편할 수 있을 텐데, 신입사원에게 조금이나마 친근하게 다가갈 기회를 스몰토크로 잡아보자.

🔄 첨삭 노트를 반영해 이렇게 대화해보자.

☺

신입사원	와, 오늘 날씨 정말 좋네요.
나	⟳말습관 3 + 5 적용 그러게. 비 오면 막힐 것 같아서 걱정했는데 다행이네.
신입사원	지난번에 유 대리님하고 협력업체 갔는데 생각보다 금방 도착하더라고요.
나	⟳말습관 1 + 3 적용 맞아, 수원까지 보통 1시간이면 도착하니까. 혹시 유 대리가 파일 하나 주지 않았어?
신입사원	챙겨왔어요. 협력업체 김 대리한테 전달하라고 어제 저한테 파일 주셨어요.
나	⟳말습관 1 적용 알겠어, 혹시 그 안에 계약서 빠지지 않았는지 한 번만 더 확인해줄래?
신입사원	네, 빠짐없이 들어 있어요.
나	든든하네, 고마워.

강경화 외교부 장관

따뜻함과 세련된 위트로
유대감을 형성하다

강경화 외교부 장관은 차분한 어조와 분명한 발음, 빠르지 않은 속도로 의사를 전달한다. 신뢰감 있게 말하기의 대명사 격이다. 그런 매력적인 어투는 강 장관의 아나운서 활동 이력에서 기인했다. 아나운서로 활동하는 동안 그녀는 집중적으로 말하기 훈련을 했을 것이다. 한 나라를 대표해 여러 외교 현안들을 해결하고, 자국에 도움 되는 방향으로 다른 나라와 대외관계를 이어가야 하는 외교부 장관에게 의사 전달 능력과 소통 능력은 필수다. 문재인 정부의 첫 외교부 장관으로 임명돼 2년 넘게 자리를 지키고 있는 그녀만의 대화 비결은 무엇일까?

❝ 제가 아까 태권도 시범을 보면서 이걸 하나 주웠어요. 박에서 터져 나온 보물 같은데 오늘을 기념하기 위해 주워 갑니다. ❞

강경화 장관이 어느 대학교에 강연하러 갔을 때다. 학교 차원에서 태권도 시범을 준비했고 무대 연출의 하나인 박이 터져 그 안에 있던 보물이 객석으로 떨어졌다. 강 장관은 강연을 위해 연단에 올라서서 가장 먼저 이 이야기를 꺼냈다. 그녀가 태권도 시범단을 특별히 칭찬한 건 아니다. 하지만 이 스몰토크를 듣고 시범단은 매우 뿌듯했을 것이다. 시범단의 공연에 대한 관심과 애정이 없다면 나올 수 없는 이야기기 때문이다. 강 장관은 한담의 힘을 잘 알고 있었고, 이 위트 있는 한마디로 그녀는 객석에 함께 앉아 시범단 공연을 봤던 다른 학생들과도 유대감을 형성했다. 강 장관이 들고 나온 저 보물과 똑같은 것을 주운 다른 학생이 있다면, 그 학생 역시 두고두고 그것을 보관할지 모른다. 강 장관과의 유대감 때문이다.

> ❝ 행운은 아무에게나 오지 않고, 준비된 자에게만 왔을 때 비로소 기회로 작용하게 된다고 생각한다. ❞

강경화 장관은 청년들의 삶에 교훈이 될 메시지를 단정적인 말투가 아닌, 겸손하게 자기 생각을 밝히는 표현으로 전달했다. 권위나 지위에 기댄 말하기 방식이 아닌, 청중을 존중하면서 자신과 동등한 지위의 대화자로 여기는 말하기 방식이다. 만일 강 장관이 훈계조의 단정적 말투를 사용했다면 그녀의 메시지가 남긴 여운은 사뭇 달랐을 것이다. 아직 사회에 발을 딛기도 전인 대학생들이지만, 그녀는 그들을 자신이 가르칠 대상이 아니라 동등한 지위의 대화 상대로 보고 존중했다. 이런 자세를 가진 연사는 수백, 수천 명의 청중 중 한 사람으로 앉아 있는 사람과도 어렵지 않게 교감을 나누며, 그 마음을 움직일 힘이 있다.

상황 06

고객 불만을
접수하는 상황

1장의 말습관을 적용해 '나'의 대화에서 아쉬운 점을 개선해보자.

나	안녕하세요, 고객센터입니다.
고객	여보세요. 제가 인터넷으로 캠핑 세트를 구매했는데, 왜 아직도 배송 중이라고 뜨는 거죠?
나	언제 구매하셨죠?
고객	일주일 전에요.
나	그런데 아직 배송 중으로 표시된다고요?
고객	그렇다니까요!
나	보통 저희 제품은 전국 3일 이내에 배송이 완료되는데….
고객	그래서 전화한 거 아닙니까? 무슨 문제인지 먼저 확인부터 해야 하는 거 아닌가요?
나	네. 확인해드리겠습니다.
고객	됐어요, 그냥 환불해주세요.

🕐 첨삭 노트

고객은 이미 전화를 걸 때부터 짜증이 나 있었다. 그런 고객에게 사무적이고 따지는 듯한 말투로 응대한다면 화를 더욱 부추길 뿐이다. 문제를 해결하는 핵심은 정확한 원인을 파악하고, 그에 따른 대응책을 제시하는 데 있다. 사과를 한들, 그 두 가지가 빠져 있다면 원점에서 맴돌 수밖에 없다. 어떻게 하면 고객의 불만을 달래고, 부드럽게 상황을 마무리할 수 있을까? 다음의 말습관 2, 13, 14를 적용해보자.

말습관 2 | 리액션으로 공감을 표현하라

대화할 때 누군가 내 말에 공감하는 반응을 보인다면 어떨까? 왠지 말에 더욱 생기가 돌 것이다. 리액션은 상대방의 말을 집중해서 듣고 있다는 표현이자 공감을 드러내는 효과적인 방법이다. 앞의 대화에서 고객의 마음을 헤아려 응대한다면, 상황은 훨씬 원활하게 흘러갈 것이다.

말습관 13 | 대화의 끝을 야무지게 마무리하라

비록 상대방의 언짢음이 표현된 대화지만, 최선의 해결책을 제시하고 사과하는 마무리를 한다면 고객의 나쁜 감정은 상쇄될 것이다. 좋지 않은 감정이 표현된 대화일수록, 격렬하게 의견이 오갔던 대화일수록 끝맺음을 잘 하는 것이 중요하다.

말습관 14 | 감사는 구체적으로, 사과는 담백하게 하라

사과의 말을 전할 때, 때로는 감정에 호소해야 하는 경우도 있다. 하지만 일상이 아닌 비즈니스 상황에서는 감정에 기댈수록 역효과가 나기 쉽다. 이런 경우에는 담백하게 이유를 설명하고 문제 해결을 위한 노력을 담아 사과해야 한다.

↻ 첨삭 노트를 반영해 이렇게 대화해보자.

☺

나	안녕하세요, 고객센터입니다.
고객	여보세요. 제가 인터넷으로 캠핑 세트를 구매했는데, 왜 아직도 배송 중이라고 뜨는 거죠?
나	⟳말습관 **2 + 14 적용** 아, 그러셨군요. 먼저 불편을 끼쳐드려 대단히 죄송합니다, 고객님. 제가 등록된 번호로 주문 내역을 먼저 확인해봐도 될까요?
고객	네.
나	⟳말습관 **2 적용** 기다려주셔서 고맙습니다. 일주일 전에 캠핑 세트를 결제하신 걸로 확인됩니다. 그동안 저희 제품을 애용해주신 우수 고객님이신데, 이런 일이 처음이라 많이 당황하셨겠어요.
고객	네, 여기가 배송이 제일 빨라서 믿고 사는 편인데, 어떻게 된 건가요?
나	⟳말습관 **13 + 14 적용** 확인해보니 세트 구성품이 중간에 누락돼서 재고 확보 후 일괄 배송을 하느라 시간이 더 걸린 것 같습니다. 저희 착오로 인해 고객님을 불편하게 한 점, 죄송합니다. 해당 제품은 늦어도 내일 오전 중에 댁으로 배송될 예정이고, 다음 구매에 쓰실 수 있는 모바일 상품권을 고객님 번호로 지금 발송해드리겠습니다.
고객	네, 알겠습니다.

신제품 발표회 오프닝을
담당한 상황

1장의 말습관을 적용해 '나'의 대화에서 아쉬운 점을 개선해보자.

| 나 | 안녕하세요? 지금부터 신제품 발표회를 시작하겠습니다. 이번 제품은 전형적인 주방 가전이 갖는 이미지를 탈피하고 생활 속에 포인트를 더하는 디자인을 핵심으로 개발했습니다. |

먼저 정수기 라인업 이미지부터 보시겠습니다. 주방 어느 곳에 둬도 생기를 더해줄 원색을 측면에 컬러 블로킹으로 배치해 세련된 디자인을 완성했습니다. 앤디 워홀도 울고 가겠죠? 또 곡선의 사용을 극대화해 육중하고 고리타분한 느낌을 완화했습니다.

직접 비교를 위해 직선 위주의 디자인과 신제품을 비포앤애프터 이미지로 준비했습니다. 성형외과 광고는 아니고요… 자, 확연한 차이가 보이십니까?

⟳ 첨삭 노트

유머는 잘못 사용하면 오히려 독이 된다. 공식적인 자리에서 무거운 분위기를 깨려고 많은 사람이 유머를 활용하지만, 성공률이 낮은 이유는 뭘까? 대개 청중을 제대로 파악하지 못했거나 상황에 맞지 않는 유머를 사용했기 때문이다. 앞의 발표를 보면 구성도 특별할 것 없이 지루하게 흘러가는 데다, 중간중간에 갑작스럽게 튀어나오는 유머가 생경한 느낌이 든다. 유머가 오히려 걸림돌로 작용한 것이다. 다음에 나오는 말습관 7, 17, 20을 활용해 대화를 바꿔보자.

말습관 7 | 어색한 사람과는 공통점부터 찾아라

처음 만나는 불특정 다수의 사람 앞에서 발표해야 할 때, 어떤 방식으로 이목을 집중시킬 수 있을까? 많은 방법이 있겠지만, 사람들과의 공통분모를 드러내면서 말하면 효과적이다. 사람들은 비슷하거나 익숙한 것에 친밀감을 느끼기 때문이다. 공통점을 공략하는 방법은 대화는 물론, 발표나 연설에도 적용할 수 있다. 일단 공통점을 찾아 공감대를 형성하면 대화가 술술 풀린다.

말습관 17 | 유머는 상황과 타이밍에 맞게 써라

유머는 상황에 맞게 센스 있게 구사해야 빛이 난다. 따라서 외워서 하는 유머는 절대 금물이다. 자신만 모를 뿐 어색함이 티가 난다. 어느 정도 친분이 있지 않은 사이라면, 당신을 싱거운 사람으로 여길 것이다. 그리고 유머가 먹히지 않아서 어색한 상황이더라도 이미

던져진 유머를 해석하거나 설명하지 말자. 듣는 입장에서 그것만큼 애처로운 것도 없다.

말습관 20 | 트리거 전략으로 집중하게 하라

누구나 본인이 연관되거나 참여할 수 있는 이야기에 먼저 관심을 보인다. 이런 심리를 적극 활용해 트리거 전략을 효과적으로 써보자. 청자의 상황을 빗댄 비유나 경험을 묻는 말 모두 흥미로운 도입부를 만들 수 있다.

↻ 첨삭 노트를 반영해 이렇게 대화해보자.

☺

나 | **말습관 20 적용** 여러분, 잠깐 자신의 주방을 떠올려볼까요? 그 주방을 대표하는 색이 있다면 무슨 색일까요? 그럼 그 주방의 이미지는 어떻습니까?
말습관 7 + 17 적용 자, 일단 저희 집 주방의 사진을 보시죠. 아마 많은 분이 '우리 집 아냐?' 하고 깜짝 놀라셨을 겁니다. 저도 이 정도인 줄은 몰랐습니다. **말습관 20 적용** 이렇게 특징 없고 뻔한 우리 머릿속의 주방이 이번 신제품 라인업으로 채워진다면 어떤 모습일까요? 사진 보시죠. 어떻습니까? 주방 가전 몇 개만 바꿨을 뿐인데, 칙칙했던 이미지가 생기 있게 변하고 왠지 더 머물고 싶은 주방으로 변신했습니다.
말습관 7 적용 이번 신제품은 우리 머릿속에 전형적인 이미지로 굳어진 주방 가전의 모습에서 벗어나, 생활 속에 포인트를 더하는 디자인에 초점을 맞춰 개발했습니다. 먼저 정수기 라인업 이미지부터 보시겠습니다.

상황
08

승진한 선배에게
축하 인사를 건네는 상황

1장의 말습관을 적용해 '나'의 대화에서 아쉬운 점을 개선해보자.

☹

나 　│ 선배, 이번 승진 진심으로 축하해요. 나는 어느 세월에 승진할 수 있
　　　으려나⋯ 이러다 만년 대리 되는 거 아닌지 모르겠어요.

선배 │ 에이, 설마. 차 대리도 곧 좋은 소식 있을 거야.

나 　│ 아니에요. 이번에 과장 승진한 동기도 있어요. 영업팀에 오지민이라
　　　고. 그 정도면 완전히 초고속 승진이라니까요. 근데 신입사원 때부
　　　터 워낙 돋보였던 친구라 뭐, 다들 예상한 거긴 하지만요. 이번에 승
　　　진 소식 듣고 그렇게 놀랍지도 않더라고요.

선배 │ 아, 그렇구나.

나 　│ 선배, 그나저나 승진 기념으로 한턱내셔야 하는 거 아니에요?

선배 │ 그럴까? 조만간 날 잡아보지.

나 　│ 네, 좋아요!

🔄 첨삭 노트

앞선 대화를 읽다 보면 대화의 목적이 헷갈린다. 선배의 승진을 축하하려는 것인지, 동기의 승진 소식을 전하려는 것인지, 그것도 아니면 그저 밥 약속을 잡으려는 것인지 알 수가 없다. 대화의 목적과 주제가 끝까지 유지되지 않았기 때문이다.

이 같은 실수는 자신의 말에만 집중하고 상대의 반응을 잘 살피지 않는 사람들이 저지르기 쉽다. 하지만 약간의 변화만 가미하면 원래 목적인 선배를 축하하는 대화가 될 수 있다. 다음의 말습관 4, 9, 13을 살펴보자.

말습관 4 | "당신은 어때요?"라고 물어라

단순히 "당신은 어때요?"라고 의무적으로 물으라는 얘기가 아니다. 서로의 대화에 집중하며 소통이 제대로 되고 있는지, 주제대로 대화가 흘러가는지 파악하라는 것이다. 대화할 때 양방향의 소통이 충분히 이뤄지지 않으면 내용이 삼천포로 흐르기 쉽다. 대화의 목적과 주제를 끝까지 유지하려면, 서로의 말을 듣고 확인하고 그에 반응하면서 긴밀하게 교류해야 한다.

말습관 9 | 상대의 장점을 구체적으로 칭찬하라

칭찬 듣고 기분 나빠할 사람은 없다. 하지만 진정성이 결여되거나 자신을 낮추면서 건네는 칭찬은 상대를 불편하게 만들 수도 있다. 온전히 선배의 승진을 칭찬해야 하는 상황에서 '나'는 자신의 처지와 비교하는 말을 덧붙였다. 이렇게 되면 상대는 고마워해야 할지, 위로해야 할지 난감하다. 칭찬할 땐 오로지 그 사람에게 집중해야 한다.

말습관 13 | 대화의 끝을 야무지게 마무리하라

대화에서 끝을 잘 매듭짓는 것은 메시지를 전달하는 것만큼이나 중요하다. 마지막 한마디로 잘 이어왔던 대화의 인상이 바뀔 수도 있다. 대화의 메시지를 한 번 더 강조하거나 세부 내용을 다시 확인하면서 대화의 끝을 깔끔하게 마무리하자.

첨삭 노트를 반영해 이렇게 대화해보자.

☺

나	선배, 이번 승진 진심으로 축하해요.
선배	고마워, 차 대리. 쑥스럽네.
나	`말습관 9적용` 에이, 선배 승진은 정말 당연한 건데요. 올해의 우수 사원만 몇 번이나 선정됐고, 팀 내 실적도 단연 최고고요. 정말 부러워요. 저도 선배처럼 열심히 해보려고요.
선배	하하하, 그렇게 얘기해주니 고맙네. 다음엔 차 대리 차례일 거야. 같이 힘내자.
나	`말습관 4적용` 네, 분발하겠습니다. 선배가 많이 도와주실 거죠?
선배	하하, 걱정 마. 금요일에 후배들이랑 같이 저녁 먹을까 하는데 어때?
나	`말습관 13적용` 좋죠! 제가 분위기 좀 띄울게요. 다시 한번 축하드려요!

선배가 바이어 픽업을
부탁하는 상황

1장의 말습관을 적용해 '나'의 대화에서 아쉬운 점을 개선해보자.

☹

선배	김 대리, 혹시 부탁 하나만 해도 될까?
나	뭔데요?
선배	다른 게 아니고, 금요일에 호주에서 바이어 오잖아. 원래 내가 픽업을 맡았는데 그날 집에 급한 사정이 생겨서 휴가를 써야 할 것 같아. 혹시 김 대리가 대신 좀 맡아줄 수 있을까?
나	내일모레요?
선배	응, 좀 부탁할게.
나	아… 미리 말해주셨으면 좋았을 텐데….
선배	갑자기 일이 생겨서 말이야… 너무 촉박한 상황에서 부탁해서 미안해.
나	저야 도와드리고 싶죠. 그런데 너무 갑작스러워서요. 선약도 있고….
선배	그럼 김 대리는 힘들다는 얘긴 거지?
나	죄송해요.
선배	그래, 알았어.

⏱ 첨삭 노트

급작스럽게 발생한 부탁을 거절하는 상황인데도 왜 '나'의 행동이 밉상처럼 느껴질까? 애매한 태도 때문이다. 딱히 도움을 줄 수 있는 것도 아닌데 우물쭈물 망설이는 태도를 보이고 거절 이유도 분명하지 않다면, 상대방은 기분이 나쁠 수 있다.

거절할 땐 상대방이 납득할 수 있는 이유를 들어 최대한 명료하게 말해야 한다. 그래야 '나'와 같은 오해를 방지할 수 있다. 여기에 차선책을 함께 제시한다면 상대방은 도움을 주려고 노력하는 당신의 모습에 고마워할 것이다. 다음의 말습관 3, 12, 14를 대화에 활용해보자.

말습관 3 | 단답형으로 말하지 마라

앞선 대화에서 '나'는 짧고 무뚝뚝한 대답으로 일관하고 있다. 마치 그 일에 관여하지 않겠다는 태도로 툭툭 말을 던진다면, 상대방은 기분이 상할 뿐만 아니라 그 사람을 기피인물로 여길 수도 있다. 바꿔 생각하면 누구나 언젠가는 부탁하는 입장이 될 수 있다. 서로 돕겠다는 태도와 말투가 필요하다. 사려 깊은 마음을 담아 완성형의 문장으로 말을 건네자.

말습관 12 | 거절할 땐 이유를 밝히고 차선책을 제시하라

'나 혼자 살겠다'는 마음가짐이 아니고서야 상대방에게 'No'라고 말하는 것은 누구에게나 신경이 쓰이는 일이다. 하지만 부탁을 들어줄 수 없는 상황이라면, 아무리 마음은 그렇지 않다는 걸 강조해봐야 변명으로밖에 들리지 않는다. 거절은 애매할수록 역효과를 내기 때문이다. 확실한 이유를 밝히며 정중하게 거절하고, 할 수 있다면 차선책을 제시하는 배려를 보이자.

말습관 14 | 감사는 구체적으로, 사과는 담백하게 하라

'나'는 죄송하다는 짧은 말로 사과하고 있다. 하지만 진심을 느낄 수 없기에 선배는 이 사과를 형식적인 말로 인식할 가능성이 크다. 감사나 사과를 표현할 때는 상대를 배려하는 마음이 담겨야 한다. 특히 사과할 때 문제를 해결하기 위한 노력까지 보인다면, 상대방도 거절하는 사람의 미안함을 충분히 알지 않을까?

↻ 첨삭 노트를 반영해 이렇게 대화해보자.

☺

선배 ┃ 김 대리, 혹시 나 부탁 하나만 해도 될까?

나 ┃ ↻말습관 3 적용 네, 선배. 어떤 일이세요?

선배 ┃ 다른 게 아니고, 금요일에 호주에서 바이어 오잖아. 원래 내가 픽업을 맡았는데 그날 집에 급한 사정이 생겨서 휴가를 써야 할 것 같아. 혹시 김 대리가 대신 좀 맡아줄 수 있을까?

나 ┃ ↻말습관 12 적용 아, 선배. 제가 금요일에는 이미 선약이 있어서 일정을 조정하기가 힘들 것 같아요. 대신 그날 픽업 가능한 팀원이 있는지 알아봐드릴까요?

선배 ┃ 그래 줄 수 있어? 혹시 없어도 부담 갖지 말고. 너무 급하게 부탁해서 미안해.

나 ┃ ↻말습관 14 적용 도움을 드리지 못해 죄송해요. 저도 한번 알아보고 다시 연락드릴게요.

신제품 아이디어를
나누는 상황

1장의 말습관을 적용해 '나'의 대화에서 아쉬운 점을 개선해보자.

나 | 이번에 출시되는 라면은 매운맛이 특히 강하니까 아예 패키지 전체 색상을 빨강으로 잡으면 어떨까요?

김 대리 | 과장님, 요즘엔 꼭 빨강이 아니라도 매운맛 제품의 패키지에 다양한 색상을 활용하는 편입니다.

나 | 그건 와닿지 않아요. 지금까지 이 일 하면서 다른 색으로 매운맛을 표현해서 잘된 걸 보질 못했어요. A사 라면을 보세요. 그 디자인 누가 했는지, 노란색 바탕이 뭐냐고요? 누구나 머릿속에 매운맛은 빨간색이라는 인식이 있어요. 우리는 그걸 활용해야죠.

이 대리 | 그럼 빨간색을 포인트 색으로 강조만 하면 어떨까요? 김 대리 말처럼 꼭 패키지 전체 색상을 빨강으로 할 필요는 없을 것 같아요.

나 | 글쎄, 포인트를 아무리 줘도 배경에서 일단 매운맛이 연상 안 되면 효과가 없다니까요. 이 대리는 시각디자인 전공해서 잘 알 거 아니에요? 일단 배경색은 빨강으로 합시다.

⏱ 첨삭 노트

자기 말만 늘어놓는 사람과 대화하면 쉽게 피곤해진다. 여기에 더해 어떤 말을 해도 바로 막혀버리는 느낌이 반복된다면 더는 그 대화를 하고 싶지 않다. 앞의 대화에서 '나'는 표면상으로만 상대방의 의견을 물을 뿐, 이미 '패키지는 빨간색'이라는 결론을 정해놓고 회의를 이끌고 있다.

게다가 자신의 경험과 지식만을 맹신해 상대방의 의견을 무시하는 어조로 일관한다. 불통으로 인한 답답함이 바로 이런 게 아닐까? 효과적이고 합리적으로 결론을 도출하기 위해선 독불장군식의 말습관부터 개선해야 한다. 말습관 4, 6, 11을 활용해 대화를 바꿔보자.

말습관 4 | "당신은 어때요?"라고 물어라

대화는 독백이나 연설이 아니다. 마치 탁구공이 오가듯 경쾌하게 이야기를 주고받는 것이 살아 있는 대화다. 무작정 자신의 말만 늘어놓기보다는 상대의 반응을 살피며 그가 말할 틈을 줘야 한다. 상대의 의향을 물으며 끊임없이 대화에 참여시키자.

말습관 6 | 명령문이 아닌 청유문, 의문문을 써라

'나'는 시종일관 자신의 경험과 지식에 기댄 수직적 말하기를 하고 있다. 이런 형태의 말하기는 대개 고압적인 어조와 태도를 수반한다. 이에 대한 상대방의 반응은 둘 중 하나다. 방어적인 태세를 취하거나 마음의 문을 아예 닫아버리거나. 의견이 자유롭게 교류되길 원한다면, 명령하는 말투를 삼가고 청유문이나 의문문을 사용해 정중하게 다가서자.

말습관 11 | 답을 정해놓고 대화하지 마라

긴 대화를 나누고도 '대체 이 대화는 왜 한 거지?'란 생각이 든다면, 닫힌 대화를 한 것이다. 결론의 방향을 정해놓고 시작하는 닫힌 대화는 자유롭고 활발한 의견 교류를 방해한다. 한 사람이 의견을 제시하면 다른 사람이 그에 대해 피드백을 하는 식의 적극적인 의사 교류가 이뤄질 때 효과적으로 결론을 도출할 수 있다.

🔄 첨삭 노트를 반영해 이렇게 대화해보자.

나 | 🔄**말습관** 11 적용 이번에 출시되는 라면은 매운맛이 특히 강한데, 그 특징을 살릴 만한 패키지 아이디어 있나요? 저는 빨간색이 좋긴 한데요.

김 대리 | 과장님, 요즘엔 매운맛 제품의 패키지에 다양한 색상을 활용하는 편입니다.

나 | 🔄**말습관** 4+11 적용 빨간색 말고요? 예를 들면 어떤 색들을 쓰고 있죠?

김 대리 | 분홍색부터 주황색, 노란색, 검은색까지 다양합니다.

이 대리 | 맞아요. 빨간색을 포인트 색으로만 쓰거나 아예 캐릭터를 더 강조하는 경우도 있는데, 그게 시장 반응이 좋습니다.

나 | 🔄**말습관** 4+6+11 적용 그렇군요. 만약 우리도 캐릭터를 활용한다면 어떤 식이 좋을까요?

이 대리 | 캐릭터만 봐도 매운맛이 연상될 수 있도록 표정을 과장해서 넣거나 아예 브랜드 이미지를 대표하는 캐릭터를 하나 만들어서 매운맛 단계별로 피부색을 바꾸는 방법도 좋을 것 같습니다.

나 | 🔄**말습관** 4+6+11 적용 좋은 방법이네요. 또 다른 아이디어 있나요?

마크 저커버그 페이스북 CEO

날 선 공격도
겸손의 화법으로 이겨내다

30대 중반의 나이에 세계 부자 4위에 등극한 페이스북 창립자 마크 저커버그. 그가 2018년 미국 청문회에 참석해 남긴 발언은 유명하다. 당시 저커버그는 2016년 미국 대통령 선거 때 페이스북 가입자의 정보를 유출한 의혹을 받았다. 청문회에 참석한 의원들은 저커버그의 잘못을 잡아내기 위해 만반의 준비를 한 전사와 같은 모습이었다. 하지만 청문회가 끝나자 페이스북의 주가는 오히려 크게 올랐고, '저커버그의 승리'라는 말까지 돌았다. 왜 그랬을까?

    ❝ 전적으로 나의 실수이며, 사과한다. 이상적이고 낙관적인 생각으로 페이스북을 창업했지만, 사용자의 프라이버시를 충분히 보호하지 못했다. 페이스북의 문제점 중 특히, 혐오 게시물을 제거하기 위해 주도적으로 연구할 것이다. 그리고 게시물의 '언어적 뉘앙스'까지 정확히 판단하는 인공 지능이 앞으로 5~10년 이내에 개발될 것이다. **❞**

많은 의원은 청문회 자리에서 저커버그에게 망신을 주려고 했다. 하지만 그는 평소엔 거의 하지 않는 정장 차림을 갖추고 단정한 태도로 진심 어린 사과를 했다. 만일 저커버그가 과거에 일어난 일에 대해 구구절절 변명하며 형식적인 사과만 한마디 하는 것으로 그쳤다면 청문회에서 승리했다는 평가는 나오지 않았을 것이다. 저커버그는 페이스북이 현재 어떤 점에서 부족하고, 또 앞으로 어떤 점을 보완할 것인지까지도 언급했다. 실수를 인정했을 뿐 아니라 부족함을 바로잡기 위한 고민과 노력까지 하고 있다는 점을 분명히 나타냈다.

> 66 매일 아침 어떤 옷을 입을지 뭘 먹어야 할지 고민하는 그 시간조차 아깝다. 사소한 일에 에너지를 낭비할 필요는 없다. 그 시간에 우리 사회에 이바지하기 위한 최고의 방법들을 구상하기 위해 모든 에너지를 바칠 것이다. 99

그가 생각하는 삶의 우선순위가 잘 나타나 있는 말이다. 그는 '어떤 옷을 입을지, 뭘 먹을지 고민하는 일'을 '우리 사회에 이바지하기 위한 최고의 방법들을 구상하는 일'에 비해 '사소한 일' 또는 '에너지 낭비'라고 여긴다. 그는 이런 자신의 가치관을 자연스러운 비유와 패러프레이즈로 거부감 들지 않게 표현했다. 사람마다 다른 가치관은 정확하게 표현하기가 어렵다. 각각 가치의 기준이 다르고 경험한 바가 다르기 때문이다. 이때 저커버그처럼 일이나 사물에 비유하거나 패러프레이즈 하면 더 명확히 콘셉트가 전달되고, 나아가 대화의 단조로움까지 깰 수 있다.

모교 방문 행사에서
질문받는 상황

1장의 말습관을 적용해 '나'의 대화에서 아쉬운 점을 개선해보자.

학생1 | 선배님, 서류전형에서 자꾸 탈락하는데 뭐가 문제일까요?

나 | 글쎄요. 일단 자기소개서를 봐야겠는데요?

학생2 | 선배님은 취업 준비하면서 자기소개서를 몇 개나 쓰셨어요?

나 | 개수보다 중요한 게 내용이죠.

학생2 | 그럼 어떤 식으로 써야 합격할 수 있을까요?

나 | 최근에 쓴 자소서 있어요?

학생2 | 네.

나 | 나한테 메일로 보내봐요. 왜 떨어졌는지 봐줄게요.

학생3 | 저는 면접에서… 자꾸… 뭐랄까 계속 떠느라… 자꾸 말실수하는 것 같아요….

나 | 학생, 실제 면접에서도 그렇게 얘기해요? 그럼 큰일인데요.

⏺ 첨삭 노트

어떤 사람과 대화를 나누다 보면, 그 사람이 나를 무시하거나 얕보는 듯한 느낌을 받을 때가 있다. 대화 속 '나'의 말습관이 딱 그렇다. 이는 지위나 경험에 기댄 수직적 말하기를 해서 생기는 부작용이다.

대화에서 학생들은 '나'로부터 권위적이라는 인상을 받게 될 테고, 이는 자연스레 비호감으로 이어질 것이다. 대화 참여자의 평등한 지위를 전제로 말이 오갈 때 진정한 소통이 이뤄질 수 있다는 것을 기억하며, 다음의 말습관 6, 7, 18을 활용해보자.

말습관 6 | 명령문이 아닌 청유문, 의문문을 써라

수직적 말하기의 가장 큰 폐단은 모든 기준을 본인 위주로 삼는다는 것이다. 이미 지위나 경험, 지식 면에서 스스로 우위에 있다고 판단해, 남을 무시하거나 명령하는 듯한 말투로 대화에 임한다. 꼰대나 비호감으로 여겨지고 싶지 않다면, '~하면 어떨까요?' '~해볼까요?' 와 같은 말습관을 일단 구사하자.

말습관 7 | 어색한 사람과는 공통점부터 찾아라

분명 '나'는 질문을 하는 학생들과 같은 입장일 때가 있었을 것이다. 하지만 안타깝게도 지금의 '나'는 그 점을 간과하고 있다. 학창 시절의 경험을 떠올리며 공통점을 공략해 대화를 이끌어간다면, 청자로부터 훨씬 더 깊은 공감을 끌어낼 수 있을 것이다.

말습관 18 | 주변 사람의 호응을 유도해 설득하라

주장은 논리와 적절한 설명이 뒷받침될 때 설득력이 있다. 하지만 사람들은 화자가 일방적으로 제시하는 논리보다 스스로 공감하는 내용에 더욱 큰 인상을 받는다. 화자와 청자들이 공유하는 기억이나 경험, 또는 제삼자가 제시하는 객관적 자료나 사실을 활용해 상대방을 설득해보자.

첨삭 노트를 반영해 이렇게 대화해보자.

학생1	선배님, 서류전형에서 자꾸 탈락하는데, 뭐가 문제일까요?
나	**말습관 18 적용** 각 기업의 인사담당자들이 공통으로 하는 말이 있어요. 서류전형에서 비중이 가장 큰 것은 자기소개서라는 이야기인데, 서류전형에서 계속 떨어진다면 자소서를 점검해봐야 하지 않을까요?
학생2	선배님은 취업 준비하면서 자기소개서를 몇 개나 쓰셨어요?
나	**말습관 7 적용** 셀 수도 없죠. 아마 오늘 여기에 온 후배님들도 다 같을 거예요. 하지만 중요한 건 회사에서 필요한 인재상이나 업무 기술을 자기소개서에 명확하게 표현하는 거예요. 그게 바로 회사가 원하는 진짜 핵심 소재거든요.
학생3	저는 면접에서… 자꾸… 뭐랄까 계속 떠느라… 자꾸 말실수하는 것 같아요….
나	**말습관 6+7 적용** 아무래도 면접 상황이 되면 누구나 긴장을 할 수밖에 없죠. 저도 취준생 시절에 그랬으니까요. 학생은 짧은 말이라도 완성된 문장으로 자신 있게 이야기하는 습관을 들여보면 어떨까요? 그럼 좋은 이미지를 남길 수 있을 거예요.

상황
12

후배와 강사 섭외를
회의하는 상황

1장의 말습관을 적용해 '나'의 대화에서 아쉬운 점을 개선해보자.

나 ┃ 유나 씨, 다음 사내 교육 주제가 '원활한 소통'인데 강사가 누가 좋을까?

후배 ┃ 아무래도 관련 주제로 강연을 많이 한 분이 좋을 것 같은데요.

나 ┃ 그래서 묻는 거야. 누구 떠오르는 사람 없어?

후배 ┃ 유튜브에 유명한 강사들이 꽤 있던데, 그쪽을 알아보는 것도 좋을 것 같아요.

나 ┃ 나는 유튜브는 잘 안 봐. 유나 씨는 평소에 많이 보는 것 같던데?

후배 ┃ 네, 쉴 때 가끔 보는 편이죠.

나 ┃ 그럼, 됐네. 유나 씨가 좀 찾아봐. 어차피 다음 주까지만 섭외하면 되니까.

후배 ┃ 지금 마감으로 바쁜데, 강사 서칭에 섭외까지 하라고요?

나 ┃ 이왕 찾는 거 섭외도 좀 부탁할게.

⏱ 첨삭 노트

결론의 방향을 이미 정하고 대화에 임하는, 전형적인 '답정너' 스타일의 대화다. 대화에서 '나'는 후배에게 꽤 많은 질문을 던지고 있다. 그런데도 왜 소통이 잘 안 되는 것처럼 보일까?

상대를 배려하지 않은 질문을 계속 이어갔기 때문이다. 범위가 너무 넓은 질문을 던지고, 자신의 의도를 관철하기 위해 무례하게 느껴질 정도로 대화를 잘라낸다. 결국 아무런 협의도 없이 섭외를 후배에게 떠넘기고 만다. 어떻게 하면 상대방을 배려하면서 명쾌한 결론에 이르는 대화를 할 수 있을까? 다음의 말습관 10, 11, 16을 살펴보자.

말습관 10 | 지지부진한 상황에선 객관식으로 질문하라

의견을 나누거나 해결책을 찾는 대화를 할 때 주관식보다는 객관식에 주목하자. 하나의 아이디어를 도출하기 위해 고려해야 할 것은 실로 방대하다. 따라서 주제에 걸맞은 핵심 소재 몇 개를 정해 선택의 범주를 객관식으로 좁히면, 훨씬 빠르고 효율적으로 의사결정을 할 수 있다.

말습관 11 | 답을 정해놓고 대화하지 마라

이미 결론을 정해놓은 닫힌 대화에 적극적으로 참여할 사람은 아무도 없다. 열린 대화, 소통되는 대화의 기본은 상대방의 의견을 존중하고 귀 기울이며 지속해서 상대의 참여를 유도하는 말하기다. 만약 꼭 자신의 의견대로 하고 싶다면, "이번에는 확신이 듭니다. 제 의견을 한 번만 따라주세요"처럼 처음부터 솔직하고 정중하게 말하는 편이 낫다.

말습관 16 | 범위는 좁게, 의도는 분명하게 질문하라

질문할 때는 범위를 좁혀 구체적으로 한다. 그래야 상대로부터 유용한 정보를 수월하게 끌어낼 수 있다. 또한 상대방을 언짢게 하거나 상황에 맞지 않는 질문은 피하자. 제일 중요한 것, 대화의 밑바탕에는 배려가 담겨야 한다는 점을 명심하자.

첨삭 노트를 반영해 이렇게 대화해보자.

나 | [말습관 10 + 16 적용] 유나 씨, 다음 사내 교육 주제가 '원활한 소통'인데, 관련 전공 교수가 나을까, 유튜브나 TV에서 강연하는 강사가 나을까?

후배 | 저는 개인적으로 유튜브에서 유명한 강사가 좋을 것 같아요.

나 | [말습관 16 적용] 그래, 요즘 유튜브 영향력이 크니까 설득력이 있지. 그럼 혹시 생각나는 유튜브 강사 있어?

후배 | 사실 커뮤니케이션 쪽에 저도 관심이 있어서 영상을 찾아보는 편인데, 이분하고 이분 어떠세요?

나 | [말습관 11 적용] 아, 이렇게 강의 영상으로 바로 확인할 수 있으니까 좋네. 그럼 혹시 이 영상을 나한테 공유해줄 수 있어? 섭외에 도움이 될 것 같은데, 이따 회의 끝나고 내가 한번 쭉 들어볼게.

후배 | 네, 또 섭외에 필요한 자료 있으면 말씀하세요. 저도 더 찾아볼게요.

나 | 든든하네. 도와줘서 고마워.

상황
13

환불을 요구하는 고객을
응대하는 상황

1장의 말습관을 적용해 '나'의 대화에서 아쉬운 점을 개선해보자.

고객	이 옷 환불해주세요.
나	아… 고객님, 이게… 이 옷에 어떤 이상이라도 있나요?
고객	집에서 입어보니까 색깔이 안 어울려서요.
나	이게 그… 저희 정책이라서요. 할인 제품으로 사신 거고, 저희가 그… 환불 불가 안내를 해드렸거든요. 그런데 이게… 이런 경우에는 교환만 가능합니다.
고객	네? 그럼 안 어울리는데 그냥 입으라는 거예요?
나	아… 저희 매장 정책이 그… 단순 변심일 경우에 할인 제품은 교환만 가능합니다.
고객	아니, 무슨 그런 정책이 있어요?
나	저희가 환불해드릴 수 있으면 좋겠지만, 그… 정책에 따라야 해서요.
고객	그냥 매니저랑 이야기할게요. 매니저 불러주세요.

⏱ 첨삭 노트

습관적으로 군더더기 표현을 사용하는 사람의 말은 종종 역효과를 야기한다. 어눌하고 전문성이 떨어져 보여 믿음이 가질 않는다. 결국, 대화에서 고객은 '나'와의 대화를 중단하고 매니저를 호출하고 말았다.

공식적인 자리나 비즈니스 상황에서는 무의식적으로 필러 표현을 반복하거나 말끝을 흐리는 습관을 반드시 지양해야 한다. 군더더기 표현만 덜어내도 말이 정제될 뿐 아니라 전하려는 핵심이 한결 뚜렷해진다. 다음의 말습관 8, 12, 19를 적용해 대화를 다듬어보자.

말습관 8 | 군더더기 표현은 걷어내라

'그', '이게' 같은 표현은 내용상 전혀 필요 없는 말이다. 필러 표현의 사용 빈도가 높을수록 청자의 이해도는 급격하게 떨어진다. '진짜', '정말', '있잖아', '사실' 등과 같이 나도 모르게 쓰고 있는 필러 표현을 의식적으로 걷어내보자. 훨씬 정확하고 명료하게 의사가 전달된다.

말습관 12 | 거절할 땐 이유를 밝히고 차선책을 제시하라

거절 의사는 에둘러 표현하지 않고 명확하게 밝혀야 불필요한 오해를 줄일 수 있다. 미안한 마음에 뚜렷한 결론 없이 우유부단한 모습을 보이는 것은 상대를 배려하는 태도가 아니다. 거절의 말에 '그 대신 ~는 어떨까요?'처럼 차선책을 담아 제안한다면, 상대방도 이해해줄 것이다.

말습관 19 | 패러프레이즈로 같은 말의 반복을 피하라

앞 대화에서 기억에 남는 건 '정책'이라는 단어뿐이다. 회사 정책 상 환불할 수 없다는 말을 계속하는 건 갈등 상황을 더 부추길 뿐이다. 동일한 뜻을 다른 표현으로 바꿔 융통성 있게 응대한다면, 상황을 더 매끄럽게 이끌 수 있다.

↻ 첨삭 노트를 반영해 이렇게 대화해보자.

☺

고객 | 이 옷 환불해주세요.

나 | `☼말습관 8 적용` 고객님, 실례지만 어떤 문제 때문에 그러시죠?

고객 | 집에서 입어보니까 색깔이 안 어울려서 환불하려고요.

나 | `☼말습관 8 적용` 그러셨군요. 먼저 영수증부터 보여주시겠습니까?

고객 | 여기요.

나 | `☼말습관 12 + 19 적용` 고객님, 이 제품은 구매하실 때 안내해드렸다시피 할인 제품이어서 환불이 되지 않습니다. 제품에 하자가 있는 경우가 아니면 교환만 해드리고 있습니다.

고객 | 그래도 마음에 안 들면 환불해줘야 하는 거 아니에요?

나 | `☼말습관 8 + 19 적용` 죄송하지만, 할인 제품은 환불 대상이 아닙니다. 괜찮으시면 저희가 다른 옷 고르시는 것을 도와드릴까요?

상황

14

창업으로 대박 난
친구와 만난 상황

1장의 말습관을 적용해 '나'의 대화에서 아쉬운 점을 개선해보자.

나 | 진표야, 너 카페 대박 났다면서!

친구 | 아, 대박까지는 아니고….

나 | 뭘 아니야, 소문 쫙 났던데.

친구 | 아휴, 뭘.

나 | 대체 뭘 어떻게 한 거야? 노하우가 뭐야? 카페가 특별할 게 없잖아?

친구 | 어? 음… 그렇지.

나 | 뭐야, 노하우 좀 알려줘 봐. 나도 창업해서 대박 좀 나자.

친구 | 메뉴 개발에 신경 좀 썼어.

나 | 그게 다야? 다른 노하우 없어?

⏱ 첨삭 노트

대화 속 '나'는 두서없이 카페가 성공한 노하우를 캐묻고 있다. 이렇게 범주가 너무 넓고 모호한 건 좋은 질문이 아니다. 그런 질문을 받으면 상대방은 어디서부터 말해야 할지 당황부터 한다. 질문할 때는 먼저 얻고 싶은 정보의 키워드를 정해 범위를 구체적으로 좁혀야 한다. 그러면 상대에게서 훨씬 유용한 정보를 얻을 수 있다.

또한 '나'는 '노하우'라는 같은 단어를 반복하고 있다. 적절한 패러프레이즈 없이 동일한 키워드를 계속 쓰면, 상대는 심리적으로 부담감을 느낄 수 있다. 말습관 7, 16, 19를 활용해 대화를 바꿔보자.

말습관 7 | 어색한 사람과는 공통점부터 찾아라

본격적인 대화에 앞서 공통점을 화두로 대화를 예열해보자. 친밀감이 형성돼 대화가 훨씬 우호적으로 흐른다. 강력한 유대감 속에서 대화가 이뤄지면, 더 자유롭게 정보와 의견을 교환할 수 있다. 그리고 한결 부드럽게 대화 소재를 선택하고 전환할 수 있다.

말습관 16 | 범위는 좁게, 의도는 분명하게 질문하라

대화에서 '나'는 나쁜 질문의 전형적인 예를 보여준다. 첫째 너무 광범위한 질문(대체 뭘 한 거야? 노하우가 뭐야?), 둘째 의도가 불분명해 상대의 기분을 상하게 하는 질문(카페가 특별할 게 없잖아?), 셋째 목적이 드러나 상대에게 부담되는 질문(그게 다야? 다른 노하우 없어?)이 그것이다. 이처럼 질문하면 눈치 없고 대화하기 꺼려지는 사람으로 낙인찍힐 가능성이 크다.

말습관 19 | 패러프레이즈로 같은 말의 반복을 피하라

상대를 압박할 목적으로 던지는 질문 공세가 아니라면, 단어와 표현을 적절하게 바꿔가며 질문할 필요가 있다. 단어는 유의어로 대체하거나 그 단어의 의미를 풀어내는 식으로, 구나 문장은 그것이 지칭하는 바를 구체적으로 부연하는 식으로 패러프레이즈를 할 수 있다.

🔄 첨삭 노트를 반영해 이렇게 대화해보자.

☺

나	진표야, 너 카페 대박 났다면서!
친구	아, 대박까지는 아니고….
나	🔄**말습관 7 적용** 우리 대학 창업 동아리 출신 중에 첫 성공 사례인데? 너 창업한다고 밤낮이 진짜 열심히 했잖아. 고생한 보람이 있겠다. 정말 축하해.
친구	그래… 알아줘서 고마워. 동아리 활동했던 게 도움이 많이 됐어.
나	🔄**말습관 16 적용** 그래? 카페 시장은 레드오션일 텐데, 어떻게 차별화한 거야?
친구	일단 초기 자금도 부족하고 임대료 때문에 큰 매장을 구할 수 없어서 100% 테이크아웃 콘셉트로 가기로 했지.
나	🔄**말습관 16 + 19 적용** 테이크아웃 위주니까 회전율이 높겠구나. 들어보니 메뉴가 색다르다고 하던데, 무슨 비결이 있는 거야?
친구	아, 요일별로 생산지가 다른 원두를 오늘의 커피 메뉴에 넣어서 골라 마시는 재미가 있게 했거든. 실제로 그게 반응이 제일 좋았고.

협력업체 직원과
점심 약속을 잡는 상황

1장의 말습관을 적용해 '나'의 대화에서 아쉬운 점을 개선해보자.

> 나 | 대리님, 프로젝트도 끝났는데 언제 점심 식사 같이하실까요?
>
> 정 대리 | 좋죠, 이번 프로젝트 정말 힘들었습니다.
>
> 나 | 네, 언제 뵐까요?
>
> 정 대리 | 음… 다음 주 수요일 어떠세요?
>
> 나 | 제가 수요일에 일이 있는데, 금요일은 어떠세요?
>
> 정 대리 | 금요일엔 제가 선약이 있네요. 목요일은요?
>
> 나 | 네, 목요일로 하시죠. 뭐 드시고 싶으세요?
>
> 정 대리 | 글쎄요….
>
> 나 | 그럼 초밥 어떠세요?
>
> 정 대리 | 네, 좋아요.
>
> 나 | 장소는 제가 문자로 알려드릴게요.
>
> 정 대리 | 네, 그날 뵙겠습니다.

⏱ 첨삭 노트

겉으로 봐서는 특별히 모난 데 없어 보이는 대화다. 우리가 약속을 잡는 대화 상황도 여기에서 크게 벗어나지 않을 것이다. 하지만 바로 이 '무난해 보이는' 점이 문제다.

'나'와 정 대리는 그동안 함께했던 프로젝트를 마치고 헤어지는 상황이다. 서로의 노고를 위로하기 위해 식사 약속을 잡는데, 무미건조한 말이 오간다면 왠지 섭섭하다. 이처럼 어떤 특정한 상황에서 약속 잡는 경우라면, 좀 더 센스를 발휘할 필요가 있다. 어떤 말습관을 사용하면 이 단조로운 대화를 서로의 진심을 전하는 대화로 바꿀 수 있을까? 앞서 배운 말습관 10, 13, 14를 적용해보자.

말습관 10 | 지지부진한 상황에선 객관식으로 질문하라

선택지가 열려 있는 상황에서는 어떤 결정을 빠르게 내리기가 쉽지 않다. 상대방의 취향과 성격을 잘 모르는 상태라면 더욱 당혹스러울 수밖에 없다. 이럴 땐 나름의 범주를 정해 상대에게 객관식으로 질문해보자. 상대방은 선택이 훨씬 수월할 뿐만 아니라, 배려받는 느낌까지 들 것이다.

말습관 13 | 대화의 끝을 야무지게 마무리하라

야무진 마무리가 대화의 전체 인상을 좌우한다. 대화 마지막에서 핵심 내용을 다시 언급하거나 간단한 감상과 인사로 매듭지으면 더 똑 부러진 느낌이 든다. 특히 약속을 정하는 대화라면, 마지막에 시간과 장소를 한 번 더 짚어주면 좋다. "그날 뵙겠습니다"와 "다음 주 월요일 정오에 회사 앞 ○○에서 뵙겠습니다" 중 어떤 약속이 더 중요하게 느껴지는가?

말습관 14 | 감사는 구체적으로, 사과는 담백하게 하라

자신이 건넨 감사 인사가 건성으로 여겨지길 바라는 사람은 없다. 감사를 전할 땐 상대방이 나를 위해 애쓴 부분을 구체적으로 표현하자. 그래야 진심이 전달된다. 앞의 대화에서 단순히 프로젝트가 끝나서가 아니라, 그동안 함께 고생한 것에 대한 감사의 마음을 담아 약속을 잡았다면 어땠을까? 정 대리는 상대방의 진심을 고스란히 느끼고, 그 대화를 훨씬 오래 기억할 것이다.

첨삭 노트를 반영해 이렇게 대화해보자.

나 | ⟲말습관 14적용 대리님, 이번 프로젝트 하느라 애쓰셨습니다. 많이 도와주셔서 무사히 잘 마칠 수 있었어요. 감사의 의미로 다음 주에 점심 식사를 대접하고 싶어요.

정 대리 | 별말씀을요. 저도 같이 일하면서 많이 배웠습니다. 다음 주 점심 좋습니다.

나 | ⟲말습관 10적용 네, 저는 월요일, 수요일엔 일이 있어서 힘들고 다른 날은 다 좋은데, 대리님은 언제가 괜찮으세요?

정 대리 | 그럼 목요일에 어떠세요?

나 | ⟲말습관 10적용 네, 좋습니다. 대리님 회사가 강남역이랑 가까우니 그 근처에서 뵐까요? 강남역에 잘 아는 초밥집과 한식집이 있어요. 괜찮은 파스타집도 있고요.

정 대리 | 저는 파스타가 좋을 것 같네요.

나 | ⟲말습관 13적용 네, 그럼 다음 주 목요일 12시에 강남역 소르티노에서 뵙겠습니다. 제가 그날 다시 연락드릴게요.

김혜자 _{배우}

'국민 엄마'가 전하는
탁월한 감성 화법

"그래, 이 맛이야." 찌개의 간을 볼 때 한국인이라면 누구나 이 말을 무심결에 내뱉곤 한다. 한국인의 입에 40년 가까이 오르내리고 있는 이 멘트는 배우 김혜자가 한 조미료 광고에서 히트시킨 대사다. 김혜자는 인터뷰에서 "짧은 한마디 안에 담아내야 할 의미를 제대로 전달하기 위해 같은 대사를 수백 번 연습했다"라고 밝혔다. 자신만 맛보는 그 찌개 맛을 시청자들에게 생생히 전달하기 위해 그녀는 이 대사를 얼마나 많이 반복했을까.

오랫동안 한국의 대표 여배우 자리를 지켜온 김혜자는 발군의 연기력과 연기 열정뿐 아니라 그녀만의 특징적인 화법으로도 강한 인상을 남겼다. 그녀의 말이 사람들의 가슴 속에 유독 오래 남는 이유는 무엇일까?

❝ 드라마는 끝났지만 한지민도, 남주혁도, 손호준도, 안내상과 이정은도 모두 사랑스러워 못 잊겠다. ❞

2019년 상반기, 한 달이 넘는 동안 수많은 시청자를 애틋함과 눈물 속에 담금질했던 드라마 '눈이 부시게'의 종영 소감을 묻는 말에 김혜자가 답한 말이다. '국민 엄마'라는 명성을 괜히 갖게 된 게 아니라는 점을 이 말에서 잘 읽을 수 있다.

수없이 받게 되는 위와 같은 진부한 질문에는 자칫 단답형의 무뚝뚝한 말이나 자기중심의 과시형 말이 나가는 경우도 적지 않다. 하지만 김혜자는 '만인의 어머니'가 아니면 할 수 없는 다정하고 부드러운 대답으로 그녀의 특별함을 다시금 각인시켰다. 진부하게 흐를 대화도 훈훈하게 만드는 그녀의 감성 화법을 주목하자.

> **❝** 이거 내 전 재산이야. 나는 돈 쓸 일 없어. 다음 달에 아프리카 가려고 했는데, 아프리카가 여기 있네. 다 찾아서 해결해. 그리고 갚지 마. 혹시 돈이 넘쳐나면 그때 주든지. **❞**

김혜자와 절친한 관계인 배우 김수미가 경제적으로 매우 어려울 때, 그녀가 전 재산을 내주며 한 말이다. 김혜자는 평소 정기적으로 아프리카에 봉사활동을 나가 선행을 베풀었는데, "다음 달에 아프리카 가려고 했는데, 아프리카가 여기 있네"라는 말은 이런 배경에서 나온 것이다.

만일 김혜자가 무조건 '착하고 친절한' 화법만 구사하려고 했다면 '아프리카가 여기 있네'와 같은 표현은 쓰지 않았을 것이다. 하지만 연예계 대표 '돌직구'이자 '거친 입'의 대표 주자 김수미와의 대화에서 그녀가 선택한 표현은 흡사 김수미의 것처럼 거칠었다. 상대방의 마음속 부담을 덜어주기 위해 일부러 대수롭지 않은 듯 유머를 섞어 말했다. 친구를 위하는 그녀의 마음은 그래서 더 잘 전달됐을지 모른다.

3장

말실수는 줄이고 말센스를 키우는

역지사지 트레이닝 10

대화는 양방향에서 오가는 것으로, 원활한 소통이 이뤄지지 않는다면
양쪽 모두의 입장에서 살펴야 합니다. 더 좋은 말습관을 갖기 위해
서로의 입장에서 대화를 개선해봅니다.

쓴소리하는 입장 vs 쓴소리 듣는 입장

소통이 잘 안 된 대화를 읽고 개선점을 찾아보자.

> 💬 **최근 지각이 잦은 김 대리에게 팀장인 박 부장이 쓴소리하는 상황**
>
> 박 부장 │ 김 대리, 요즘 자주 지각하는 것 같네?
>
> 김 대리 │ 아, 네….
>
> 박 부장 │ 아니, 무슨 일이라도 있는 거야?
>
> 김 대리 │ 아… 그런 건 아니고요….
>
> 박 부장 │ 그런 게 아니면 뭐야? 부장인 나보다도 늦게 나오고. 정신 좀 차려!
>
> 김 대리 │ 아… 죄송합니다.
>
> 박 부장 │ 사람이 그렇게 흐리멍덩해서 되겠어? 회의 준비는 했어?
>
> 김 대리 │ 네. 회의 준비했습니다.
>
> 박 부장 │ 이따 늦지 말고 들어와.
>
> 김 대리 │ 네.

1장에서 익힌 말습관을 적용해
두 사람 모두의 입장에서 '나라면' 어떻게 대화할지 생각해보자.

박 부장 ┃ 김 대리, 요즘 자주 지각하는 것 같네?

↳ 나라면?

김 대리 ┃ 아, 네….

↳ 나라면?

박 부장 ┃ 아니, 무슨 일이라도 있는 거야?

↳ 나라면?

김 대리 ┃ 아… 그런 건 아니고요….

↳ 나라면?

박 부장 ┃ 그런 게 아니면 뭐야? 부장인 나보다도 늦게 나오고. 정신 좀 차려!

↳ 나라면?

김 대리 ┃ 아… 죄송합니다.

↳ 나라면?

박 부장 ┃ 사람이 그렇게 흐리멍덩해서 되겠어? 회의 준비는 했어?

↳ 나라면?

김 대리 ┃ 네. 회의 준비했습니다.

박 부장 ┃ 이따 늦지 말고 들어와.

↳ 나라면?

김 대리 ┃ 네.

⟲ 소통이 잘 된 대화

조금 더 소통이 잘 된 대화로 수정했다.
이를 참고해 앞의 '나라면' 대화와 비교해보자.

박 부장 ┃ 김 대리, 요즘 무슨 일 있어요? 늦는 날이 종종 있네요.

김 대리 ┃ 죄송합니다. 최근 이사를 하고 집이 멀어져서 버스 노선에 적응하느라 늦는 일이 있었습니다. 앞으로 늦지 않도록 주의하겠습니다.

박 부장 ┃ 그래요. 혹시 무슨 일 있어서 늦으면 문자 줘요. 그리고 회의 준비는 잘 됐나요?

김 대리 ┃ 네, 차질 없도록 준비했습니다.

박 부장 ┃ 수고했어요. 그럼 이따 회의 시간 때 봐요.

김 대리 ┃ 감사합니다. 이따가 뵙겠습니다.

노하우를 묻는 입장 vs
노하우를 말하는 입장

소통이 잘 안 된 대화를 읽고 개선점을 찾아보자.

> 📣 **김 대리가 미국 연수에 선발된 정 대리에게 합격 비결을 묻는 상황**
>
> 김 대리 ┃ 정 대리, 이번에 미국으로 연수 간다면서?
>
> 정 대리 ┃ 응, 시카고로 1년 가게 됐어.
>
> 김 대리 ┃ 연수는 도대체 어떻게 된 거야? 나도 벌써 3년째 신청하고 있는데 한 번도 안 됐는데.
>
> 정 대리 ┃ 글쎄… 그게 뭐, 기준이 있지 않을까?
>
> 김 대리 ┃ 그러니까 그 기준이 뭐냐고? 정 대리랑 나랑 연차도 같고 특별히 누가 더 잘나가는 것도 아닌데, 왜 난 안 되는 거지?
>
> 정 대리 ┃ 음… 글쎄… 잘 모르겠네.
>
> 김 대리 ┃ 뭐야, 혹시 든든한 뒷배라도 있는 거야?
>
> 정 대리 ┃ 뒷배라니, 무슨 말을 그렇게 해?
>
> 김 대리 ┃ 아니, 말이 그렇다는 거지. 화내니까 더 수상한데?

1장에서 익힌 말습관을 적용해
두 사람 모두의 입장에서 '나라면' 어떻게 대화할지 생각해보자.

⑦

김 대리 ┃ 정 대리, 이번에 미국으로 연수 간다면서?

정 대리 ┃ 응, 시카고로 1년 가게 됐어.

김 대리 ┃ 연수는 도대체 어떻게 된 거야? 나도 벌써 3년째 신청하고 있는데
　　　　한 번도 안 됐는데.

↳ 나라면?

정 대리 ┃ 글쎄… 그게 뭐, 기준이 있지 않을까?

↳ 나라면?

김 대리 ┃ 그러니까 그 기준이 뭐냐고? 정 대리랑 나랑 연차도 같고 특별히 누
　　　　가 더 잘나가는 것도 아닌데, 왜 난 안 되는 거지?

↳ 나라면?

정 대리 ┃ 음… 글쎄… 잘 모르겠네.

↳ 나라면?

김 대리 ┃ 뭐야, 혹시 든든한 뒷배라도 있는 거야?

↳ 나라면?

정 대리 ┃ 뒷배라니, 무슨 말을 그렇게 해?

↳ 나라면?

김 대리 ┃ 아니, 말이 그렇다는 거지. 화내니까 더 수상한데?

↳ 나라면?

소통이 잘 된 대화

좀 더 명료하고 원활하게 소통하는 대화로 수정했다.
이를 참고해 앞의 '나라면' 대화와 비교해보자.

김 대리 | 정 대리, 이번에 미국으로 연수 간다면서?

정 대리 | 응, 시카고로 1년 가게 됐어.

김 대리 | 이야, 좋은 기회네. 축하해.

정 대리 | 고마워. 계속 떨어져서 되나 싶었는데 이번에 붙었네. 김 대리도 혹시 가고 싶어?

김 대리 | 당연하지, 정 대리도 여러 번 신청한 거였어?

정 대리 | 그럼, 연수 경쟁률이 좀 높아야지. 알잖아, 한 번에 되는 사람 거의 없는 거.

김 대리 | 그러니까… 사실 나도 이번에 세 번째 지원했거든. 무슨 비결이라도 있으면 좋을 텐데.

정 대리 | 그래? 그럼 연수계획서를 잘 손보는 건 어때? 나도 이번에 계획을 엄청 구체적으로 세워서 냈거든. 준비하다가 궁금한 것 있으면 나한테 물어봐. 잘 알려줄게.

김 대리 | 아, 그래? 연수계획서를 잘 써야 하는구나. 정말 고마워. 나중에 또 물어볼게.

역지사지

03

여행 후기를 묻는 입장 vs 여행 후기를 말하는 입장

소통이 잘 안 된 대화를 읽고 개선점을 찾아보자.

> 💬 **최근 휴가를 다녀온 김 과장에게 윤 과장이 안부를 묻는 상황**

윤 과장 ┊ 김 과장님, 휴가 어디로 다녀온 거예요?

김 과장 ┊ 역시 방콕 하는 것보다 방콕 가는 게 좋더라고요.

윤 과장 ┊ 아… 태국이요?

김 과장 ┊ 방콕 갔다 왔는데, 일주일이 금세 지나가더라고요. 덥긴 해도 날씨
가 좋아서 그런지 내내 에너지 넘치게 지냈던 것 같아요. 또 음식은
어찌나 맛있던지, 팟타이랑 쌀국수랑 다 입에 잘 맞았어요. 심지어
똠얌꿍도 완전 제 스타일이더라니까요. 마지막 날 아침에 일어났는
데 돌아갈 생각을 하니까 갑자기 우울해지더라고요.

윤 과장 ┊ 아… 좋았나 봐요.

김 과장 ┊ 완전히 방콕 마니아 돼서 왔잖아요. 마사지가 저렴해서 매일 받았고
요, 태국 전통 공연이나 사원들도 무척 인상적이었어요. 하루에 다
섯 끼씩 먹고 마사지 받고 아주 제대로 힐링했죠.

윤 과장 ┊ 네… 부럽네요.

1장에서 익힌 말습관을 적용해
두 사람 모두의 입장에서 '나라면' 어떻게 대화할지 생각해보자.

(?)

윤 과장 | 김 과장님, 휴가 어디로 다녀온 거예요?

김 과장 | 역시 방콕 하는 것보다 방콕 가는 게 좋더라고요.

↳ 나라면?

윤 과장 | 아… 태국이요?

↳ 나라면?

김 과장 | 방콕 갔다 왔는데, 일주일이 금세 지나가더라고요. 덥긴 해도 날씨
가 좋아서 그런지 내내 에너지 넘치게 지냈던 것 같아요. 또 음식은
어찌나 맛있던지, 팟타이랑 쌀국수랑 다 입에 잘 맞았어요. 심지어
똠얌꿍도 완전 제 스타일이더라니까요. 마지막 날 아침에 일어났는
데 돌아갈 생각을 하니까 갑자기 우울해지더라고요.

↳ 나라면?

윤 과장 | 아… 좋았나 봐요.

↳ 나라면?

김 과장 | 완전히 방콕 마니아 돼서 왔잖아요. 마사지가 저렴해서 매일 받았고
요, 태국 전통 공연이나 사원들도 무척 인상적이었어요. 하루에 다
섯 끼씩 먹고 마사지 받고 아주 제대로 힐링했죠.

↳ 나라면?

윤 과장 | 네… 부럽네요.

↳ 나라면?

☼ 소통이 잘 된 대화

막힘없이 서로 주고받는 대화로 수정했다.
이를 참고해 앞의 '나라면' 대화와 비교해보자.

윤 과장 ┃ 김 과장님, 휴가 어디로 다녀왔어요?

김 과장 ┃ 방콕으로 일주일 다녀왔어요.

윤 과장 ┃ 방콕이요? 와! 너무 좋았겠다!

김 과장 ┃ 시간 가는 줄도 모르고 있다가 정신 차리고 보니 벌써 휴가가 끝났
더라고요.

윤 과장 ┃ 방콕에서 뭐 했는데요?

김 과장 ┃ 전통 공연도 보고 사원들도 쭉 둘러봤어요. 특히 마사지가 엄청 저
렴해서 일과 끝나면 호텔로 돌아가기 전에 매일 받았어요.

윤 과장 ┃ 김 과장님 얼굴만 봐도 잘 쉬고 온 것 같네요. 음식도 잘 맞아요?

김 과장 ┃ 그럼요, 한국인 입맛에 잘 맞아요. 윤 과장님도 휴가 때 방콕 갈 생각
있으면 말해요. 제가 갔던 맛집 정보 공유할게요.

윤 과장 ┃ 안 그래도 다음 휴가 후보지 중 하나가 방콕이었는데, 정보 꼭 물어
볼게요.

역지사지

04

부탁하는 입장 vs
거절하는 입장

소통이 잘 안 된 대화를 읽고 개선점을 찾아보자.

> 💬 **정 과장이 바이어 미팅 통역을 김 대리에게 부탁하는 상황**

정 과장 | 김 대리, 다음 주 중국 바이어 미팅 때 통역 누가 하기로 했죠?

김 대리 | 최 대리가 하기로 했습니다.

정 과장 | 김 대리가 중국어를 더 잘하지 않아요?

김 대리 | 네, 그런데 저는 다음 주부터 휴가라서 불가능합니다.

정 과장 | 휴가요… 음… 좀 조정해요. 회사 일이라 중요한데.

김 대리 | 제가 지난달부터 계획한 휴가라 지금 취소가 힘듭니다.

정 과장 | 하아… 그래도 좀 더 능숙한 사람이 미팅에 참여해야 하는데… 최
대리는 큰 미팅이 처음이기도 하고요.

김 대리 | 죄송합니다.

1장에서 익힌 말습관을 적용해
두 사람 모두의 입장에서 '나라면' 어떻게 대화할지 생각해보자.

정 과장 ┆ 김 대리, 다음 주 중국 바이어 미팅 때 통역 누가 하기로 했죠?

김 대리 ┆ 최 대리가 하기로 했습니다.

정 과장 ┆ 김 대리가 중국어를 더 잘하지 않아요?

김 대리 ┆ 네, 그런데 저는 다음 주부터 휴가라서 불가능합니다.

↳ 나라면?

정 과장 ┆ 휴가요… 음… 좀 조정해요. 회사 일이라 중요한데.

↳ 나라면?

김 대리 ┆ 제가 지난달부터 계획한 휴가라 지금 취소가 힘듭니다.

↳ 나라면?

정 과장 ┆ 하아… 그래도 좀 더 능숙한 사람이 미팅에 참여해야 하는데… 최
대리는 큰 미팅이 처음이기도 하고요.

↳ 나라면?

김 대리 ┆ 죄송합니다.

↳ 나라면?

☼ 소통이 잘 된 대화

정중하게 부탁하고, 예의 있게 거절하는 대화로 수정했다.
이를 참고해 앞의 '나라면' 대화와 비교해보자.

정 과장 | 김 대리, 다음 주 중국 바이어 미팅 때 통역 누가 하기로 했죠?

김 대리 | 최 대리가 중국어에 무리가 없어서 맡기로 했습니다.

정 과장 | 중국어라면 김 대리가 더 잘하지 않아요?

김 대리 | 저보다는 오히려 최 대리가 중국에서 오래 살아서 실무 중국어에 능
숙합니다. 상하이에서 인턴 하면서 바이어 미팅에도 여러 번 참여했
다고 합니다.

정 과장 | 그래요? 그래도 김 대리가 큰 미팅 경험이 없어서 좀 걱정인데, 김
대리는 참석이 힘들겠어요?

김 대리 | 다음 주에 집안 행사가 있어서 조금 곤란해요. 하지만 제가 최 대리
에게 미팅 때 차질 없도록 필요한 자료와 숙지사항 잘 전달해놓겠습
니다.

정 과장 | 그래요, 김 대리 믿을게요. 그렇게 준비해주세요.

래리 킹 방송 진행자

미국 최고의 인터뷰어
토크계의 전설이 되다

저명인사를 인터뷰했다는 사실만으로 '최고'라는 수식이 붙지는 않는다. 정보를 쥔 사람은 섣불리 중요한 이야기를 털어놓지 않기 때문에 자칫 머뭇거리다가는 대화가 겉돌면서 알맹이 없이 끝나버릴 위험이 있다. 많은 인터뷰어가 쉽게 인정받지 못하는 이유다.

하지만 '통하는 대화'로 전 미국을 사로잡은 전설적인 인물이 있다. 그는 미국의 모든 대통령을 인터뷰했을 뿐 아니라 미하일 고르바초프, 블라디미르 푸틴, 마거릿 대처, 토니 블레어 등 각국 정상들과 대화를 나누고 의미 있는 이야기들을 끌어냈다. 또 세계적으로 인정받는 다수의 정치인, 배우, 가수를 비롯한 각계 유명 인사들과도 색다른 인터뷰를 남겼다. '토크계 전설' 래리 킹에게서 대화의 비결을 배워보자.

❝ 타이밍 못 맞춘 유머는 마이너스다. 좋지 않은 타이밍에 개그를 하면 모든 것이 엉망이 된다. ❞

웃음만큼 경계의 빗장을 풀기 좋은 무기는 없다. 래리 킹 역시 유쾌한 대화가 빛나는 인물이다. 하지만 그는 '웃음'과 '유머'를 지상 목표로 삼은 나머지 타이밍을 못 맞춘 개그를 하는 일이 없도록 주의를 당부한다. 더욱이 준비한 유머를 사용하기 위해 일부러 대화의 맥까지 끊는 참상이 벌어져서는 안 된다고도 강조한다.

상대가 무겁고 엄중한 일을 하는 사람일수록 우리는 분위기를 풀기 위해 유머를 활용하고픈 유혹을 쉽게 받는다. 그러나 이때는 오히려 날씨 이야기처럼 가볍고 일상적인 소재로 마음 문을 두드리는 게 훨씬 효과적이라는 게 래리 킹이 말하는 비결이다.

> ❝ 상대방이 대답하기 좋아하는 질문을 하고, 눈을 마주치며 경청하라. ❞

래리 킹은 자신이 가진 '최고의 인터뷰어'라는 명성의 90%는 '경청' 때문이라고 이야기한다. 인터뷰어는 경청 이전에 우선 좋은 질문을 던질 수 있어야 하는데, 그가 말하는 좋은 질문이란 '상대방이 말하고 싶어 하는 내용을 묻는 것'이다.

상대에게 질문해놓고 곧 자신이 파고들어 이야기할 틈만을 노린다거나, 질문할 때부터 스스로 예리함이나 정보력을 과시하려는 인터뷰어들이 있다. 래리 킹은 이런 태도를 가지고서는 좋은 대화자가 될 수 없다고 말한다.

그가 또 하나 강조하는 경청의 기술은 상대방의 눈을 보는 것이다. 상대가 말할 때 시선을 다른 곳에 둔다면, 상대의 대화 의지를 크게 꺾을 수 있다. 눈의 초점을 풀어놓는 일도 마찬가지다. 래리 킹은 너무 뚫어지게 쳐다본다는 인식을 주지만 않을 정도로, 상대방에게 정성껏 눈을 맞추고 경청할 때 좋은 대화를 끌어낼 수 있다고 말한다.

감사 인사 하는 입장 vs
감사 인사 받는 입장

소통이 잘 안 된 대화를 읽고 개선점을 찾아보자.

> 💬 **대신 홍보 행사에 참석한 김 대리에게 성 대리가 고마움을 전하는 상황**

성 대리 ┃ 김 대리, 지난번 홍보 행사 때 나 대신 나갔다며?

김 대리 ┃ 응, 내가 했어. 많이 아팠다면서?

성 대리 ┃ 장염이 너무 심해서 도저히 나갈 수가 없겠더라고.

김 대리 ┃ 병가까지 쓰고….

성 대리 ┃ 이제 괜찮아. 덕분에 귀찮은 행사도 안 나가고.

김 대리 ┃ 응?

성 대리 ┃ 김 대리, 다음에 장염 걸리면 얘기해. 내가 한 번 대신 나가줄게.

김 대리 ┃ 어? 아… 그래.

성 대리 ┃ 그나저나 다음 행사도 또 내가 배정됐더라고. 왜 나만 자꾸 걸리는 거야?

1장에서 익힌 말습관을 적용해
두 사람 모두의 입장에서 '나라면' 어떻게 대화할지 생각해보자.

(?)

성 대리 ǀ 김 대리, 지난번 홍보 행사 때 나 대신 나갔다며?

김 대리 ǀ 응, 내가 했어. 많이 아팠다면서?

성 대리 ǀ 장염이 너무 심해서 도저히 나갈 수가 없겠더라고.

↳ 나라면?

김 대리 ǀ 병가까지 쓰고….

↳ 나라면?

성 대리 ǀ 이제 괜찮아. 덕분에 귀찮은 행사도 안 나가고.

↳ 나라면?

김 대리 ǀ 응?

↳ 나라면?

성 대리 ǀ 김 대리, 다음에 장염 걸리면 얘기해. 내가 한 번 대신 나가줄게.

↳ 나라면?

김 대리 ǀ 어? 아… 그래.

↳ 나라면?

성 대리 ǀ 그나저나 다음 행사도 또 내가 배정됐더라고. 왜 나만 자꾸 걸리는
거야?

↳ 나라면?

🔄 소통이 잘 된 대화

좀 더 진심이 오가는 대화로 수정했다.
이를 참고해 앞의 '나라면' 대화와 비교해보자.

성 대리 │ 김 대리, 지난번 홍보 행사 때 대신 나갔다며? 급하게 연락받았을 텐데, 정말 고마워.

김 대리 │ 아니야, 그럴 수도 있지. 많이 아팠다면서?

성 대리 │ 뭘 잘못 먹었는지 장염 때문에 혼났어. 어떻게 할 수가 없어서 행사에 못 간다고 했는데, 김 대리가 대신 나가줘서 정말 다행이었어.

김 대리 │ 건강이 우선이지. 많이 당황했겠네.

성 대리 │ 응, 김 대리 덕분에 살았어.

김 대리 │ 에이, 이럴 때 돕는 거지. 별거 아니야.

성 대리 │ 감사의 의미로 점심 살게. 이번 주에 점심 가능한 날이 언제야?

김 대리 │ 괜찮은데, 성 대리가 그렇다면 내일이나 모레 점심 할까?

성 대리 │ 내일 점심이 좋겠네. 내일 점심때 보자고.

사과하는 입장 vs
사과받는 입장

소통이 잘 안 된 대화를 읽고 개선점을 찾아보자.

> 💬 **변경 사항을 늦게 보고한 서 대리가 팀장에게 사과하는 상황**
>
> 팀장 ┊ 서 대리, 패키지 시안 아직 안 왔어요?
>
> 서 대리 ┊ 그게요… 원래 그… 오늘 2시까지 메일로 받기로 했는데요…, 그게 중간에 수정사항이 생겨서요….
>
> 팀장 ┊ 무슨 수정사항요? 그거 포함해서 오늘 2시까지 받기로 한 거 아니에요?
>
> 서 대리 ┊ 그게… 그건 맞는데요, 그쪽에서 수정 작업에 시간이 좀 더 걸린다고 해서… 그….
>
> 팀장 ┊ 아니, 그런 상황을 조절하는 게 서 대리 업무 아니에요? 그럼 무작정 기다려요?
>
> 서 대리 ┊ 그런 건 아닌데요, 아무래도 그… 2시까지가 무리라고 해서 일단 최선의 시안을 받으려고….
>
> 팀장 ┊ 4시까지 무조건 보내 달라고 하세요!

1장에서 익힌 말습관을 적용해
두 사람 모두의 입장에서 '나라면' 어떻게 대화할지 생각해보자.

(?)

팀장 | 서 대리, 패키지 시안 아직 안 왔어요?

서 대리 | 그게요… 원래 그… 오늘 2시까지 메일로 받기로 했는데요…, 그게
중간에 수정사항이 생겨서요….

↳ 나라면?

팀장 | 무슨 수정사항요? 그거 포함해서 오늘 2시까지 받기로 한 거 아니
에요?

↳ 나라면?

서 대리 | 그게… 그건 맞는데요, 그쪽에서 수정 작업에 시간이 좀 더 걸린다
고 해서… 그….

↳ 나라면?

팀장 | 아니, 그런 상황을 조절하는 게 서 대리 업무 아니에요? 그럼 무작정
기다려요?

↳ 나라면?

서 대리 | 그런 건 아닌데요, 아무래도 그… 2시까지가 무리라고 해서 일단 최
선의 시안을 받으려고….

↳ 나라면?

팀장 | 4시까지 무조건 보내 달라고 하세요!

↳ 나라면?

⚙️ 소통이 잘 된 대화

좀 더 부드럽고 원활하게 소통하는 대화로 수정했다.
이를 참고해 앞의 '나라면' 대화와 비교해보자.

☺

팀장 ┆ 서 대리, 패키지 시안 아직 안 왔어요?

서 대리 ┆ 네, 팀장님. 미리 말씀드렸어야 했는데 죄송합니다. 오전부터 너무 바빠서 깜빡했네요. 원래 오늘 2시까지 받기로 했는데, 지난번에 저희 쪽에서 요청한 디자인 변경 사항을 적용하는 데 시간이 조금 더 걸린다고 합니다.

팀장 ┆ 그래요? 그래서 언제까지 가능하다고 하나요?

서 대리 ┆ 늦어도 오늘 4시 전까지는 받기로 했습니다. 메일 도착하면 바로 시안 공유하겠습니다.

팀장 ┆ 알겠어요. 4시로 알고 있을게요. 고생해요.

호응을 유도하는 입장 vs
호응하는 입장

소통이 잘 안 된 대화를 읽고 개선점을 찾아보자.

💬 다음 주 워크숍에 대해 두 사원이 이야기 나누는 상황

김지영 사원 | 워크숍이 벌써 다음 주네?

신혜원 사원 | 응.

김지영 사원 | 시간 진짜 빨리 간다. 작년에 양평으로 워크숍 간 게 엊그제 같은데.

신혜원 사원 | 그러게 말이야….

김지영 사원 | 혜원 씨는 기대 안 되나 봐?

신혜원 사원 | 매년 가는 건데, 뭐….

김지영 사원 | 그래도 이번엔 제주도잖아!

신혜원 사원 | 난 별로….

김지영 사원 | 됐다, 가면 또 잘 놀면서.

신혜원 사원 | 그렇긴 하지.

1장에서 익힌 말습관을 적용해
두 사람 모두의 입장에서 '나라면' 어떻게 대화할지 생각해보자.

(?)

김지영 사원 | 워크숍이 벌써 다음 주네?

신혜원 사원 | 응.

↳ 나라면?

김지영 사원 | 시간 진짜 빨리 간다. 작년에 양평으로 워크숍 간 게 엊그제 같은데.

신혜원 사원 | 그러게 말이야….

↳ 나라면?

김지영 사원 | 혜원 씨는 기대 안 되나 봐?

↳ 나라면?

신혜원 사원 | 매년 가는 건데, 뭐….

↳ 나라면?

김지영 사원 | 그래도 이번엔 제주도잖아!

↳ 나라면?

신혜원 사원 | 난 별로….

↳ 나라면?

김지영 사원 | 됐다, 가면 또 잘 놀면서.

↳ 나라면?

신혜원 사원 | 그렇긴 하지.

↳ 나라면?

⟳ 소통이 잘 된 대화

교감이 흐르는 다정한 대화로 수정했다.
이를 참고해 앞의 '나라면' 대화와 비교해보자.

☺

김지영 사원 | 워크숍이 벌써 다음 주네?

신혜원 사원 | 그러게. 작년에는 우리 양평 갔었지?

김지영 사원 | 응. 양평도 진짜 좋았는데, 이번엔 무려 제주도야. 그나저나 벌써 1년이 지났네.

신혜원 사원 | 시간 진짜 빠르다. 이번에는 제주도 가니까 미리 준비 좀 해야겠는데? 지영 씬 준비 좀 했어?

김지영 사원 | 나는 벌써 워크숍 장소 주변 검색 다 해놨지. 워크숍 끝나고 같이 맛있는 거 먹으러 가자.

신혜원 사원 | 좋아. 역시 지영 씨답다. 좋은 데 데리고 가줘.

김지영 사원 | 그래. 기대해. 준비물 빠뜨리지 말고 잘 준비하고.

제품을 홍보하는 입장 vs
제품 홍보를 듣는 입장

소통이 잘 안 된 대화를 읽고 개선점을 찾아보자.

💬 **새로 출시한 화장품을 한 대리가 고객에게 홍보하는 상황**

한 대리 │ 어머님, 새로 나온 에센스 좀 보고 가세요.

고객 │ 이게 뭐예요?

한 대리 │ 새로 나온 저희 에센스인데요, 수분 보충은 기본이고 주름 개선 기
능까지 있는 제품이에요.

고객 │ 에센스는 귀찮아서 잘 안 바르는데….

한 대리 │ 아, 새로 나온 저희 에센스는 로션 대신 쓰실 수도 있어요.

고객 │ 글쎄요….

한 대리 │ 어머님 나이대에는 꼭 에센스 바르셔야 해요. 주름이랑 잡티가 엄청
늘어나거든요.

고객 │ 네. 잘 봤어요.

1장에서 익힌 말습관을 적용해
두 사람 모두의 입장에서 '나라면' 어떻게 대화할지 생각해보자.

(?)

한 대리 | 어머님, 새로 나온 에센스 좀 보고 가세요.
↳ 나라면?

고객 | 이게 뭐예요?
한 대리 | 새로 나온 저희 에센스인데요, 수분 보충은 기본이고 주름 개선 기
능까지 있는 제품이에요.
↳ 나라면?

고객 | 에센스는 귀찮아서 잘 안 바르는데….
↳ 나라면?

한 대리 | 아, 새로 나온 저희 에센스는 로션 대신 쓰실 수도 있어요.
↳ 나라면?

고객 | 글쎄요….
↳ 나라면?

한 대리 | 어머님 나이대에는 꼭 에센스 바르셔야 해요. 주름이랑 잡티가 엄청
늘어나거든요.
↳ 나라면?

고객 | 네. 잘 봤어요.
↳ 나라면?

⟳ 소통이 잘 된 대화

대화에 센스를 조금 더 가미해 수정했다.
이를 참고해 앞의 '나라면' 대화와 비교해보자.

☺

한 대리 | 고객님, 저희 에센스 한번 보고 가세요.

고객 | 이게 뭐예요?

한 대리 | 네, 이번에 새롭게 출시된 쑥 농축액이 담긴 에센스인데요, 고객님, 지금 피부가 너무 깨끗하고 좋으시잖아요? 이 좋은 피부를 오래 유지하도록 유수분 밸런스와 주름 개선에 특히 신경 쓴 제품이에요.

고객 | 그래요? 제가 귀찮아서 스킨, 로션만 바르고 에센스는 잘 안 바르는데요.

한 대리 | 어머, 에센스 따로 안 바르시는데도 피부가 이렇게 좋으세요? 그런데요, 고객님, 이 에센스는 로션 대신 바를 수 있도록 더 유분감을 담아 출시했어요. 에센스가 로션보다 훨씬 영양이 많은 거 알고 있으시죠? 로션보다는 에센스를 바르셔야 해요. 저도 이 제품 얼마 전부터 쓰는데 로션 따로 안 바르고 있어요. 한번 손등에 발라보시겠어요?

고객 | 아… 네, 촉촉하긴 하네요.

한 대리 | 그죠, 촉촉한 느낌이 바로 드시죠? 주름 개선까지 되니까 고객님께 꼭 추천해드리고 싶어요.

고객 | 네, 고마워요. 조금 더 둘러볼게요.

자료를 요청하는 입장 vs
자료를 요청받는 입장

소통이 잘 안 된 대화를 읽고 개선점을 찾아보자.

💬 **진 과장이 서 대리에게 아직 마감 기한이 남은 프레젠테이션 자료를 요청하는 상황**

진 과장 ┃ 서 대리, 프레젠테이션 자료 좀 가지고 와봐.

서 대리 ┃ 프레젠테이션 자료요? 그거 기한이 2주라고 하셔서 아직….

진 과장 ┃ 뭐야? 지금까지 아무것도 안 했다는 거야?

서 대리 ┃ 먼저 처리해야 할 일들이 많아서요.

진 과장 ┃ 서 대리, 지금 몇 년 차지?

서 대리 ┃ 5년 차입니다.

진 과장 ┃ 그런데 아직도 일을 이 모양으로 하는 거야? 2주 동안 수정하고 컨
         펌받으라는 얘기지, 2주 내내 아무것도 하지 말란 얘기야?

서 대리 ┃ 아… 그게 아니고요….

진 과장 ┃ 뭐가 아니야? 이번에 신입도 들어왔는데, 뭘 보고 배우겠어?

서 대리 ┃ 네, 죄송합니다.

1장에서 익힌 말습관을 적용해
두 사람 모두의 입장에서 '나라면' 어떻게 대화할지 생각해보자.

(?)

진 과장 ┊ 서 대리, 프레젠테이션 자료 좀 가지고 와봐.
↳ 나라면?

서 대리 ┊ 프레젠테이션 자료요? 그거 기한이 2주라고 하셔서 아직….
↳ 나라면?

진 과장 ┊ 뭐야? 지금까지 아무것도 안 했다는 거야?
↳ 나라면?

서 대리 ┊ 먼저 처리해야 할 일들이 많아서요.
↳ 나라면?

진 과장 ┊ 서 대리, 지금 몇 년 차지?
↳ 나라면?

서 대리 ┊ 5년 차입니다.
↳ 나라면?

진 과장 ┊ 그런데 아직도 일을 이 모양으로 하는 거야? 2주 동안 수정하고 컨
펌받으라는 얘기지, 2주 내내 아무것도 하지 말란 얘기야?
↳ 나라면?

서 대리 ┊ 아… 그게 아니고요….
↳ 나라면?

진 과장 ┊ 뭐가 아니야? 이번에 신입도 들어왔는데, 뭘 보고 배우겠어?
↳ 나라면?

서 대리 ┊ 네, 죄송합니다.
↳ 나라면?

⟲ 소통이 잘 된 대화

갈등 상황에 유연하게 대처하는 대화로 수정했다.
이를 참고해 앞의 '나라면' 대화와 비교해보자.

진 과장 ┊ 서 대리, 프레젠테이션 자료 좀 볼 수 있을까요?

서 대리 ┊ 과장님, 아직 완성이 조금 덜 됐는데, 내일 오전까지는 1차로 마무리할 수 있을 것 같습니다.

진 과장 ┊ 그래요? 지금쯤 마무리가 돼 있을 줄 알았어요. 어느 정도 작업이 됐나요?

서 대리 ┊ 그러셨군요. 미리 공유 못 드려서 죄송합니다. 80% 정도 정리가 됐고, 부족한 데이터는 지금 계속 취합 중입니다.

진 과장 ┊ 알겠어요. 그럼 일단 지금까지 작업한 것만이라도 확인할 수 있게 먼저 메일로 보내줄래요?

서 대리 ┊ 네, 알겠습니다. 바로 보내겠습니다.

진 과장 ┊ 알겠어요. 고마워요.

진행 상황을 묻는 입장 vs
진행 상황을 말하는 입장

소통이 잘 안 된 대화를 읽고 개선점을 찾아보자.

> 📢 **유 대리가 김 대리에게 신입사원 환영회 진행 상황을 확인하는 상황**

유 대리 ┊ 김 대리님, 이번 신입사원 환영회 참석 인원 조사했어요?

김 대리 ┊ 아, 맞다! 우리 그게 언제죠?

유 대리 ┊ 이번 주 금요일이잖아요.

김 대리 ┊ 신입사원 5명은 다 오겠죠?

유 대리 ┊ 신입사원들은 다 올 것 같고, 나머지 인원은 조사했어요?

김 대리 ┊ 아직요.

유 대리 ┊ 일단 몇 명인지 정확히 파악해야죠. 장소는 어디로 하게요?

김 대리 ┊ 아무 데나 넓은 데로 할까요?

유 대리 ┊ 넓은 데라… 알아서 하세요.

김 대리 ┊ 아, 네.

1장에서 익힌 말습관을 적용해
두 사람 모두의 입장에서 '나라면' 어떻게 대화할지 생각해보자.

(?)

유 대리 | 김 대리님, 이번 신입사원 환영회 참석 인원 조사했어요?

김 대리 | 아, 맞다! 우리 그게 언제죠?

↳ 나라면?

유 대리 | 이번 주 금요일이잖아요.

↳ 나라면?

김 대리 | 신입사원 5명은 다 오겠죠?

↳ 나라면?

유 대리 | 신입사원들은 다 올 것 같고, 나머지는 인원은 조사했어요?

↳ 나라면?

김 대리 | 아직요.

↳ 나라면?

유 대리 | 일단 몇 명인지 정확히 파악해야죠. 장소는 어디로 하게요?

↳ 나라면?

김 대리 | 아무 데나 넓은 데로 할까요?

↳ 나라면?

유 대리 | 넓은 데라… 알아서 하세요.

↳ 나라면?

김 대리 | 아, 네.

↳ 나라면?

소통이 잘 된 대화

원활하게 소통해 효율적으로 결론을 내는 대화로 수정했다.
이를 참고해 앞의 '나라면' 대화와 비교해보자.

유 대리 ┃ 김 대리님, 이번 신입사원 환영회 참석 인원 조사하셨어요?

김 대리 ┃ 아, 죄송해요. 내일 회의 준비하느라 깜빡하고 아직 조사를 못 했어요. 환영회가 언제였죠?

유 대리 ┃ 아이고, 매우 바쁘셨군요. 이번 주 금요일이요.

김 대리 ┃ 네, 아직 이틀 여유가 있으니까 제가 이따 퇴근 전까지 조사해서 인원 알려드릴게요.

유 대리 ┃ 그래요. 바쁘시겠지만 꼭 좀 부탁드려요. 장소는 어디로 하죠? 혹시 괜찮은 곳 아세요?

김 대리 ┃ 예전에 팀 회식했던 서교식당이나 고향돼지마을 어때요? 크기도 커서 인원도 다 받을 수 있을 것 같고, 맛도 괜찮았어요.

유 대리 ┃ 네, 대리님이 바쁘시니, 이따 인원수 알려주시면 장소는 둘 중 예약되는 곳으로 제가 예약하겠습니다.

김 대리 ┃ 네, 신경 써줘서 고마워요.

봉준호 영화감독

공감으로 꿈꾸는 이에게
희망을 전하다

한국 영화 100년사에는 훌륭한 영화감독이 많이 있지만, 전 세계에 한국 영화를 크게 빛낸 감독을 한 명 뽑으라고 한다면 대부분 주저 없이 '봉준호' 감독을 꼽는다. 그가 영화로 구축해내는 하나의 세계 속에는 매번 디테일이 살아 꿈틀거려 관객의 탄성을 자아낸다. 이렇듯 그의 이야기가 세계로까지 통하는 비결은 무엇일까? 그의 대표 어록을 통해 살펴보자.

> ❝ 본인에게 재능이 있다고 믿는 근거 없는 자신감으로 자신을 무장하세요. ❞

봉준호 감독이 자신을 귀감으로 삼는 수많은 창작자에게 남긴 조언이다. 마치 봉 감독 자신이 그러한 근거 없는 자신감 때문에 지금의 자리에 올랐다고 말하는 것처럼 들린다. 이 '막연한 자신감'이야말로 어쩌면 많은 창작자가 품고 있는 공통 심리일 수 있지만, 대개는 일찌감치 스스로 그 마음을 내려놓거나 때론 주변 환경과 사람들에 의해 부정당하기도 한다.

하지만 높게만 보이던 봉준호 감독이 이 심리를 안다는 건 조언을 듣는 이들에게 큰 희망이 됐다. 봉 감독의 이 조언이 어떤 특별한 성공 비결을 알려줘서가 아니라, 자신과 봉 감독이 서로 다른 부류가 아님을 확인시켜줘서 그들 마음에 남는 훌륭한 조언이 된 것이다.

한국 영화 최초로 제72회 칸영화제에서 황금종려상을 수상하면서도 자신을 "되게 소심하고 어리숙한 영화광이었다"고 낮춰 소개할 정도로 겸손한 봉준호 감독은, 같은 길을 걷는 사람들에게 희망의 메시지를 전하기 위해 이처럼 공통점을 활용하는 지혜를 발휘했다.

> ❝ 오스카는 국제영화제가 아닌 로컬 시상식이니까 별일이 아니다. ❞

네티즌 사이에서 '봉준호 감독의 뼈 때리는 한마디', '핵사이다 한마디'로 잘 알려진 어록이다. 미국의 한 매체가 그에게 "100년 된 한국 영화가 지금껏 아카데미상 후보에 한 번도 오르지 못한 것을 어떻게 생각하나"고 묻자 그는 위와 같은 대답으로 오스카 시상식의 권위를 깎아내리는 동시에 한국 영화의 자존심을 드높였다.

직접적으로 상대방을 기분 나쁘게 만들지 않으면서도 상대방이 미처 의식하지 못하고 있던 무례함을 우회적으로 지적하는 데 성공했다. 자신을 공격하는 듯한 말을 듣고 나면 대부분의 사람은 흥분한 나머지 그 화살을 상대방에게 되돌리는 데 급급하기 마련이다. 하지만 그런 순간일수록 자신의 감정과 의사를 부드럽고 유연하게, 그러나 명확하게 전달해야 한다. 그 정도 수준의 평정심을 갖기란 물론 쉬운 일은 아니지만, 공격을 공격으로 되받지 않은 봉준호 감독의 대처에서 진정한 말의 힘에 대해 다시 한번 생각해보게 된다. '핵사이다'라는 수식은 그래서 더 적절하다.

30장면으로 끝내는
스크린 영어회화 – 겨울왕국

국내 유일!
전체 대본
수록

30장면으로 끝내는
스크린 영어회화
겨울왕국

30일, 30장면
통암기 집중 훈련
워크북

국내 유일!
〈겨울왕국〉
전체 대본을 실은
스크립트북

디즈니 추천 성우의
30장면 훈련용 &
전체 대본 mp3 CD

구성
· 전체 대본
· 훈련용 워크북
· mp3 CD

강윤혜 해설 | 332면 | 18,000원

국내 유일! 〈겨울왕국〉 전체 대본 수록!

국내 최초! 애니메이션 천만 관객 돌파!
〈겨울왕국〉의 30장면만 익히면 영어 왕초보도 영화 주인공처럼 말할 수 있다!

난이도	첫걸음 | 초급 | 중급 | 고급	기간	30일
대상	영화 대본으로 재미있게 영어를 배우고 싶은 독자	목표	30일 안에 영화 주인공처럼 말하기